后浪出版公司
小学堂 005-02

The Negotiation Fieldbook

我们谈谈吧

哈佛共赢谈判课

（美）格兰德·卢姆（Grande Lum） 著
姜丽丽 许捷 陈福勇 译

世界图书出版公司
北京·广州·上海·西安

推荐序

20年前，我与两个学生合写了《谈判力》——一本利益导向型谈判的入门书。那本书与之前的谈判类书籍不同。那些书给谈判者的建议是：要虚张声势，吓唬对方；出价要低于预期支付的金额，要价要高于预期能得到的金额；要比对方更固执，让对方先让步；在未达成协议的情况下，要表现得更愿意离开谈判桌。那本书则同时考虑谈判双方。对谈判双方而言，最好的建议是什么？《谈判力》已经给出了相当不错的回答。

对一名教师来说，还有什么比他的学生兼同事将他教授的东西发扬光大更令他满意的呢？格兰德将他从我这儿学到的一切发扬光大了。他一直从事与谈判有关的咨询、培训和学习，并与数十家组织机构和公司一起实践他的谈判理念。

对于学习的方法，格兰德也很有了解。他深知，读者喜欢自我检测，以确保自己理解读到的内容；初学者喜欢以某种方式组织起来的概念，这样比较容易记住；而每个人都喜欢逸闻趣事和真实案例。

几年前，我问我最优秀的学生之一："你在我们谈判小组学到了什么？"她的回答是"三件事：准备，准备，再准备。"的确如此。通过阅读本书，你也能学会为谈判做准备，并学到更多的知识。除此之外，这本书还有另一个着力强调的鲜明主题——体会合作式谈判的力量。

我们每天都在谈判——在学校、在生意场、在政坛、在我们做的每一件事里。每当我想影响一些人或应对那些试图影响我的人时，我就在谈判了。对这样一个谈判无处不在的世界而言，本书也许是你能找到的最有用的书了。

罗杰·费希尔（Roger Fisher）
于马萨诸塞州剑桥

致　谢

首先，我要向畅销书《谈判力》的作者之一罗杰·费希尔致以最深切的感激。本书是建立在《谈判力》这本经典谈判著作基础上的，罗杰还是我创立的Accordence咨询公司的高级顾问。因此，我要感谢罗杰对我的鼓励和慷慨帮助。

同样，如果没有ThoughtBridge公司艾尔玛·泰勒伍德的支持和指导，这本书也无法完成。在超过13年的时间里，她帮助我成为了一个更好的谈判者、咨询师和调解人，也成为了一个更好的人，完全超出了我对自己的预期。谨以此书献给兼具天赋、洞察力和同情心的艾尔玛·泰勒伍德。

特别感谢安东尼·万尼斯–圣约翰，他对本书的集思广益过程和写作贡献巨大；格伦·汉普森，在将理念转化为现实的过程中，他起到了关键的作用；理查德·莫尔斯，作为本书的编辑，他打磨并明晰了书中的每一个观点；莫尼卡·克里斯蒂，她帮我整理出了本书的初稿，并使我相信本书一定能完成。

从一开始，这本书就获得了许多人的帮助，包括希瑟·米克格林、苏·施拉法、克里斯汀·布伦南和凯利·梅恩佩；我的同事们也提供了宝贵的建议和想法，他们是特里萨·帕克、鲍勃·沃尔普、乔纳森·格林伯格、勒妮·琼斯、蒂姆·迪奥诺、安迪·艾尔斯、布鲁斯·巴顿、凯瑟琳·达斯普洛斯和马克·厄本；此外，哈佛谈判小组、冲突管理团队和冲突管理咨询公司曾任的和现任的同事们也帮助过我；我还要深深地感谢具备极佳出版经验的麦格劳–希尔出版公司和莉莎·奥康纳，感谢杰弗里·克雷姆对本书的出版怀抱信心。

这本书也是我与Accordence公司的客户、合作机构一起工作的结果，书中许多谈判实例和谈判练习都来自于我们之间的合作。在涉及机密的地方,我没有公开相关客户和相关事实。感谢我们的客户和合作机构(包括Trustee Leadership Development、Miller Heiman、Advantage Performance Group 和 Qonsult)帮我提炼、定义本书的方法论,并使之更实用、更有效。感谢他们给我提供了学习的机会。

最后,我要感谢我的妻子南,感谢她在我写作期间给予的坚定支持,她和我们的孩子吉娜、盖伦赋予这本书的写作以价值。

格兰德·卢姆(Grande Lum)

前　言

在特拉维夫市①，一名巴勒斯坦人和一名以色列大学生正为地区和平而努力促成一次对话。在美国北卡罗来纳州的达勒姆，一家生物技术公司的CEO正权衡一个收购计划。底特律的汽车工会正为是否继续罢工举行投票。墨西哥城的一对父母则正在讨论应该送他们的孩子去哪所学校。

这些人有什么共通之处？在上述每一种情境中，他们面对的事情都需要深思熟虑。他们将努力在协商之中找到一个解决方案，构建一种新的关系，对彼此的需求有一个新的了解。他们都没有向别人求助、讨价还价或操纵局面，而在努力构建新的合作方式，以解决他们关心的问题。

不管你面对的问题是解决冲突还是编制财政预算，都需要与人协商解决。协商的结果是否有价值，与运气、巧合无关。只有聪明地展开谈判，才能创造更多的价值，即"做大蛋糕"。

但人们并非天生就擅长谈判。我花了许多年时间与各行各业的客户一起工作，客户的身份包括公司执行官、社区领导人、政客、教师、外交人员、工会主席、神职人员和律师等等。我的目标是帮助组织和个人改进他们的谈判方式。这期间，我发现虽然谈判是每个人必备的技能，但许多人却没有得到必要的训练。

我的客户经常在谈判陷入僵局时来找我。他们其实都是聪明能干的人，但在情绪激烈的谈判危急关头，他们往往发现自己无法脱身。本书集中探讨的谈判要素可以运用于这类情形，以及无数看上去很艰难甚至无望的谈判僵局。

---

① Tel Aviv，以色列第二大城市。——编者注

谈判是什么？

谈判有一些明显的例子，比如外交人员在中东缔结和平条约，工会与管理层的代表针对为期3年的合同举行谈判，两个公司为商业合作条款谈判：这些是正式的谈判。谈判还出现在更多的非正式场合，比如一个少年为了家里电脑的使用权与他的姐妹发生争执，一个公司的同事们决定新项目由谁负责。

贯穿上述案例的共同主题是什么？我在这本书和自己的专业工作中都将谈判定义为"为达成一致而进行的各种讨论"，其中包括人们努力说服、影响彼此的大多数情况。因此，谈判可谓无处不在。

我也将谈判定义为"跨文化活动"。要这么想，正在谈判的两个或多个个体之间存在着许多的差异，不仅仅是性格，还有经验、组织背景、家庭背景等许多方面。这些差异与个人特质相交叠，就会使人们沟通、处理冲突的方式复杂多样，这就是所谓的跨文化。

我在这本书里推荐的谈判方法强调换位思考、互助合作，并达成一项真正满足谈判各方关键利益的协议。

本书的首要目标是教会你在谈判中该说什么、该做什么

优秀的谈判类书籍有很多，但至今还没有一本以组织合作式谈判为重点，尤其缺乏教授谈判中该说什么的书。一些比较好的谈判类书籍提供了许多听上去很好的建议，比如"探究不同立场上的利益"或"用标准去说服"。当然，问题在于要如何在实践中做到这一点，本书的价值也就在这里——我会就需要改进的地方，给读者提供一些练习和对话示例。

这本书将解决以下问题：该如何组织一场谈判，要做些什么？最好的开场方式是什么？要成功，需要专注于哪些基本事项？要如何安排谈判的步骤？开场和收尾时要做些什么？本书将就这些问题给出实用的建议，并提供一些技巧和练习，帮读者提高谈判技能。

提高谈判技能比提高生活中的其他许多技能要容易。原因何在？因为谈判无处不在。无论在工作还是在家庭生活中，我们的许多日常交际都是

在努力影响、说服别人。可以将谈判与体育运动作个比较。要学打高尔夫球，必须抽出一定的时间去高尔夫练习场或高尔夫球场。但一位高尔夫教练告诉我，在他的执教生涯中，有50%的学生从来没有到过高尔夫球场。而谈判无处不在，你随时都有机会提高自己的谈判技能。本书提供了一些方法，能教你利用那些机会。

推荐一个"做大蛋糕"的实用方法

谈判中的每一方都应当受益，并尽可能满意地离开谈判桌。然而，许多谈判最终都以令人不满的妥协收场，双方不欢而散。甚至有些时候，离开谈判桌是最好的策略，是谈判者能得到的最好结局。

我建议谈判者尽可能地"做大蛋糕"，并给这件事——帮助对方满足他们的利益、与之建立积极的合作关系——以高度的评价。事实是，人们并不总能获得自己想要的东西。很不幸，人们常常以零和观念[①]来看待谈判，认为一方获利，另一方就必定失利。持零和观念的人往往会错过创造价值的机会，因为他们只顾着"拿到属于我的那一份"。而一个人创造的谈判价值，恰恰是由他的谈判方式决定的。"做大蛋糕"（创造价值）和"分蛋糕"（分配价值）都是谈判的重要任务，我将在这两个方面为读者提供最好的建议。

通过强调谈判中该说的话，本书致力于提高谈判者在谈判中的沟通能力，改善与谈判对手的关系。谈判者经常会感到压力重重、沟通困难。通过专注于组织谈判，我力图提供给读者一些应对谈判对手的最好练习，比如问有帮助的问题、使对方放松、将谈判过程变成真正的合作过程。

无论对方是否合作，本书提供的谈判方法都有效

我的客户经常问我，对于那些有敌意、固守立场、在某方面难以相处

[①] 所谓零和，是博弈论里的一个概念，意思是双方博弈，一方得益必然意味着另一方吃亏，一方得益多少，另一方就吃亏多少。之所以称为"零和"，是因为将胜负双方的"得"与"失"相加，总数为零。——编者注

的人，这本书提供的谈判方法是否有效。在写作本书的每一页时，我都假设谈判桌对面的那个人很难相处，并不是合作型的谈判对手。我推荐的每一种方法都以提高谈判成功率为目的，但这并不意味着要用千篇一律的方式来对待每一场谈判。无论做什么，都要符合自己的个性，考虑对手的谈判风格和谈判的环境。在书中的每一章，我都教读者调整方式，以应对谈判僵局。我还会讨论一些谈判者会采用的操控战术（有些谈判培训师就是这么教的），并教你从战略上应对这些战术。

问与答

刁难战术

在谈判中，一些人会采用刁难战术迫使对手就范。很多人都被传授过这样的谈判"良方"——这种与二手车经销商讨价还价的老套方法。通过阅读本书，你会发现这并非商务沟通的最佳方式，增加谈判的价值才更有可能创造双赢的局面。本书第三部分将探讨刁难战术之类更为流行的谈判战术，以及这类战术的应对之策。

本书总结

主要技巧

本书介绍的主要技巧包括：
- 如何为谈判制订清晰的计划？
- 如何通过清晰了解谈判目标、制约因素、策略，为谈判做好充分的准备？
- 如何在谈判中积极地"做大蛋糕"？
- 如何做好准备，以应对对方可能采用的各种谈判战术？

只要看看任意两个技巧，你就能看出以上几个技巧有一个共通点——有备无患。若十年后你只能记住本书的一个技巧，那就记住"有备无患"吧。

个人和组织都需要简明扼要的谈判蓝图

我写这本书的最终目的,是为那些想通过自学提高谈判技能的组织和个人提供解决办法。谈判者不需要太多不相关的战术,也不需要复杂的学术理论。谈判者需要的,是一个简单易行,能从中了解到高效谈判者该怎么说、怎么做的谈判蓝图。在过去的13年里,我做了很多试验,学会了创新的谈判咨询、教学和训练方法。我将其中最好、最精华的实践经验融汇到了这本简明扼要的书中,这本书将帮助你以自己的方式成为一个伟大的谈判者。

本书的使用方法

只要是熟悉《谈判力》的读者,就能看出本书侧重于了解谈判要素。了解了谈判要素,你就会明白谈判时发生了什么。但明白只是第一步,关注这些要素才能帮你和你的团队组织一场有的放矢的谈判,增加谈判的价值,并在谈判陷入僵局时重回正轨。

在分析谈判要素的过程中,我也会就谈判中该说什么、该如何说提供建议。为什么这一点很重要?发生冲突时,谈判者要努力看到冲突,而不是谈判对手。这听起来很有道理,现实中却往往很难做到。因此,我将谈判双方的互动与谈判结果视为不可分割的整体,毕竟谈判是在建立一种合作关系,合作关系的**质量**将影响谈判,而**谈判方式**则影响着谈判结果和双方的合作关系。

如何充分利用本书?

本书第一部分介绍的是谈判的基本要素,即谈判的**实质**。谈判的基本要素包括利益(Interests)、标准(Criteria)、方案(Options)和替代方案(No-Agreement Alternatives),统称为"ICON"。这一部分表明,要想在任何一种谈判中获得成功,都要针对这四个基本要素进行准备。书中提供了准备这四个要素的表格,使读者能迅速为任何谈判做好准备。"ICON"可作如下简要定义:

利益(Interest)是谈判双方主观上的需求、关注点和期望,是谈判的基础。

标准（Criteria）是一些客观基准、先例和合理的标准，供谈判者筛选并判断出最好的方案。有头脑的谈判者会在达成协议前充分了解相关标准，然后再开始谈判。

方案（Options）是谈判双方为满足彼此的共同利益、不同利益和相互冲突的利益，可能达成一致的解决方案。

替代方案（No-Agreement Alternatives）是谈判双方在未达成任何协议的情况下采用的方案。

ICON 谈判模式

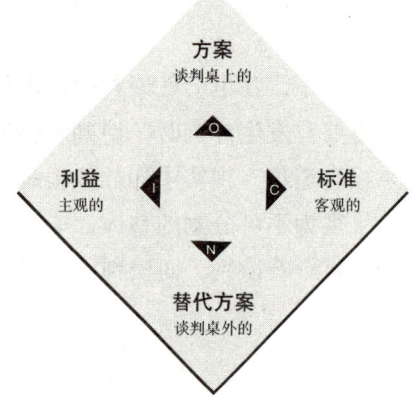

本书第二部分提供了从开场到收尾的谈判步骤，将理论运用于实践。尽管ICON涵盖了谈判的基本要素，但谈判中至少一半的博弈与如何达成目标、如何组织谈判（我也将其称为"谈判过程"）相关。因此，这一部分的几章将讨论如何在谈判中进行有效的沟通、如何与对手建立合作关系。要实现这些目标，使用下面的4D程序就可以了。

规划（Design）是谈判双方为了谈判成功所做的事情。谈判最后要获得成功，取决于在谈判的开始就设定好目标，并作出清晰的安排。

发掘和改进（Dig and Develop）是谈判双方说的话、做的事情，目的在于了解对方的需求、找到办法解决手头的问题，并达成公平的最可行协议。

决策（Decide）是指谈判双方打算以何种方式结束谈判，或者达成最可行的协议，或者一无所获。

如果说ICON为你的谈判提供了一张完整的地图，那4D程序就可以想象为通往即将发生的具体谈判场景的方向标。

可以给4D程序作个素描。一位前途无量的商学院毕业生盖伦被通知去参加他的第三轮，也是最后一轮面试，面试官是美国广播公司的人力资源部副总裁南。

在**规划**阶段，盖伦仔细考虑了自己的面试目的，甚至还分析了面试官的期待。之后，盖伦草拟了一份面试议程表，通过电子邮件发给了南。虽然很忙，南还是浏览了这封邮件，虽然没有回复，但她很感激盖伦的主动，对于面试时有一份议程表可用也感到很高兴。面试开始了，盖伦浏览了一下议程表，然后告诉南他真的想跟美国广播公司签订一份对双方而言都公平合理的合同。

在**发掘和改进**阶段，南与盖伦按面试议程表开始了谈判。盖伦从他认为比较简单的事项开始，比如假期、工作报酬和福利。当他们各持己见时，盖伦提供了一些同类公司开出的条件，供南参考。

到了**决策**阶段，双方草拟了合同条款，需要作出最终的决定。盖伦在斟酌"美国广播公司的这份工作比那份薪酬更高的工作要更好吗？那份工作需要我搬到一个生活成本也更高的城市。"南也在斟酌"将要签约的这个人与其他应征者相比，是否能更好地为美国广播公司工作呢？"

本书第三部分着眼于谈判前的准备工作，即走上谈判桌前要做的事情，包括了解谈判中可能出现的一系列刁难战术和应对策略、检查自己的准备工作，以及将谈判当成一种跨文化活动。

第四部分是附录，将提供其他的一些资料，其中包括谈判工作表。

本书各个部分如此安排，是为了使读者以我认为符合逻辑的次序对谈判产生一个充分的、整体性的认识。比如ICON这个词，我将利益（Interests）放在标准（Criteria）前面，是因为这样更符合我在书中用到的教学思路。从实践上看，本书的章节安排也最合理，尤其对于有经验的谈判者而言。如果你面对的问题是如何从谈判中脱身，可以先看那一部分；如果你想学会应对"摘樱桃"战术，你可以直接找到相关内容。

谈判既是应对性的，也是主动性的：改善谈判的结果不仅需要清晰的思路，也需要果断的行动。本书的设计能帮读者适时检测自己是否理解了书中教授的技巧，并用回答问题的方式内化这些技巧之间的差异，从而学会分析自己的谈判。这很重要，所以这本书要这么设计。因为谈判不是火箭科学，谈判技巧实践起来并不容易，特别是在一些高赌注、高风险和带有情绪的谈判中。所以，只要跟我一起练习，你就能为任何谈判做好准备。本书的附录部分有正文所有谈判工作表的副本，你可以任选一份谈判工作表填上，另一份留着分析你的其他谈判。

让我们从深谋远虑开始吧，为这次体验设定你的目标。假设你已经读完这本书，成为了一名更优秀的谈判者，那你在谈判中的行为会有何不同呢？请用下面的表格来回答这个问题。

谈判工作表

阅读时，如果你能在脑海中带入一场自己经历过的、很有挑战性的谈判，本书就会更有用。想一想你正面临的谈判或即将面临的谈判（不要那些已经完成的谈判），细想你能切实从反思中获益的那一场谈判，然后将答案写在下面的工作表中。

在本书各处，我都为读者记录这场特定的谈判提供了空间，这样，读者就能系统而严密地分析自己面对的谈判形势了。

谈判工作表1：谈判准备表

1. 谈判对手是谁？（人物、职位、经历、所属组织）

2. 列出至少三个与这场谈判相关的关键性背景信息。

3. 为什么这场谈判对你来说很有挑战性？

目 录
Contents

推荐序 ·· 1
致　谢 ·· 2
前　言 ·· 4
本书的使用方法 ··· 9

第一部分　ICON谈判模式
了解利益、标准、方案、替代方案，谈判就成功了一半

第1章　利益：潜藏于谈判立场之下 ································ 3
挑　战　3
解决方案　4
案　例　10
本章小结　12
练　习　14
答　案　15

第2章　方案：创造性地集思广益 ································· 17
挑　战　17
解决方案　18

案　例　22
本章小结　25
练　习　27
答　案　28

第3章　标准：用客观标准代替主观意志 ……………………… 31

挑　战　31
解决方案　32
案　例　38
本章小结　38
练　习　40
答　案　41

第4章　替代方案：了解自己的最佳替代方案 ………………… 43

挑　战　43
解决方案　43
本章小结　48
练　习　51
答　案　51

第二部分　4D程序
规划、发掘、改进、决策，成功谈判，步步为营

第5章　4D规划阶段：构建并开启谈判 ……………………… 57

挑　战　57
解决方案　58
规划：为成功而"发球"　61
第一步：设定目标　61

实质目标　62

　　关系目标　62

　　应对多事项谈判　64

　第二步：制订议程　64

　　设立基本原则、分配角色　66

　第三步：传递核心信息　68

　　准备好开场白　69

　结　论　70

　本章小结与规划清单　70

　练　习　74

　答　案　75

第6章　4D发掘和改进阶段：

　　了解利益、集思广益讨论方案、依据标准筛选方案 ………… 77

　挑　战　77

　解决方案　77

　实施发掘阶段　80

　第一步：了解利益　80

　　通过提问的方式发掘对方的利益　80

　　互相了解彼此的利益　84

　第二步：集思广益讨论方案　85

　　将备选方案与确定方案分开　86

　　邀请对方一起集思广益，并与对方分享方案　87

　实施改进阶段　88

　第三步：依据标准筛选方案　88

　　确定哪些方案最符合利益　88

　　依据标准缩小方案的范围　88

　　改进、调整最好的几个方案　90

　　准备好应对对方的替代方案　90

　　要公开自己的最佳替代方案吗？　91

该怎样公开自己的最佳替代方案？ 93

询问对方的最佳替代方案 93

公开 94

结　论 95

本章小结与发掘、改进清单 95

练　习 101

答　案 102

第7章　4D决策阶段：谈判收尾 ………………………… 105

挑　战 105

解决方案 106

协　议 109

第一步：以达成最可行协议为目标 109

了解自己的最差可行协议 109

第二步：达成临时协议 109

要先出价吗？ 110

先出价的标准 110

达成临时协议的方法 111

第三步：采取下一步措施 114

准备采用最佳替代方案的情况 115

同舟共济 115

在对方的出价和意见中寻找价值 116

理解对方的情绪 118

用积极的方式重述消极的观点 118

征询对方的意见 119

本章小结与决策清单 119

练　习 123

答　案 124

第三部分　上谈判桌前

第8章　应对刁难 …………………………………………………… 129

第一步：增强自我意识　129

第二步：盯紧自己的目标　129

第三步：换位思考　130

讨论　130

忽视　130

推迟处理　131

将谈判放一放　131

按规则出牌　131

适当的幽默　131

战术大全　132

灵活战术　132

讨价还价　132

重启谈判　132

摘樱桃　133

各说各话　133

围篱　134

大惊小怪　134

要么接受，要么放弃　134

我做不了主　135

其他战术　135

老狗战术　135

推倒重来　135

最后一个条件　136

既成事实　136

记忆失灵　136

狂热的叫卖　137

给点好处　137

黑脸白脸　138

第9章　将所有谈判都当成跨文化活动……139
　　假定自己什么都不了解　139
　　承认自己观点的局限性　140
　　彼此了解　140
　　了解对方的意图，让对方知道他们的言行对你的影响　140
　　了解对方的文化背景　140
　　观察、对权力观念有所意识、彼此尊重　141
　　建立信任　141
　　认识自己的文化　141

第10章　准备，准备，再准备……143
　　谈判速备表　143

第四部分　附　录

ICON总结、4D总结……149
　　ICON总结　149
　　4D总结　149

4D关键点总结……151

重要词汇……153
参考文献……156
出版后记……159

第一部分
ICON 谈判模式
了解利益、标准、方案、替代方案,谈判就成功了一半

谈判如同行军,手里没有一张前方的地形图,谈判就必定受阻。你可能要为一些会影响你的组织、职业、家庭或财产的事情去谈判,但你可能不知道如何与对方互动,更不用说系统地为谈判做准备了。

本书第一部分讨论的就是谈判的基础。四个紧密联结的要素——利益、标准、方案和替代方案,将提供四类信息,帮你充分组织和准备谈判,从而使你走出谈判的混乱状态。

我将这一页的图解称为"ICON 价值钻石",因为其中的每个要素都是创造更多价值的资源。

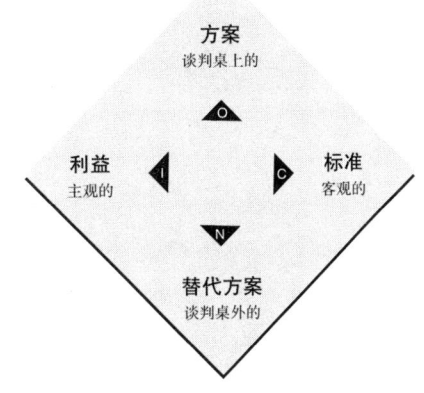

第1章　利益：潜藏于谈判立场之下

利益潜藏于谈判立场之下。利益是主观的，是谈判双方的需求、目标、动机、关注点和忧虑。

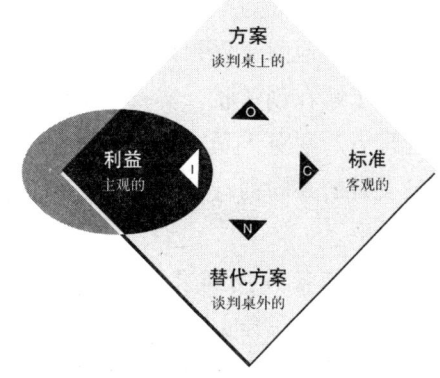

挑　战

20世纪80年代末、90年代初，美国一个重要都会城市的医疗保健系统由于为当地居民提供了覆盖率高且费用低廉的医疗保健服务而受到广泛的称赞，地区医疗系统、保险机构、政府与商业界的合作得到了全国性的好评。然而，在随后的几年里，由于医疗保健环境的变化、政府放宽管制和医疗保健系统领导层的变动，这个城市的医疗保健状况恶化了。到20世纪90年代末，当地最大的医院之一被迫关门，医生们在政治活动和物质利益的诱惑下在不同系统间穿梭，商业界则旁观医疗保健费用持续增长。

2001年，当地商业界开始设法改变这一态势，降低医疗保健费用。一家重要的健康保险公司为了降低补偿给医学实验室[①]检验服务的费用，发布了一项实验室检验项目招标提案，从而推动了改变的进程。由于当地几家医院没能达成合作协议，其中两家医院共同提交了一个报价，一家医院又联合另一家医院提交了一个竞争性的报价。这些医院之间既相互排斥又

[①] 医学实验室，又称为临床实验室，是指在其中针对临床标本进行各种试验，或者说完成形形色色的实验室检验项目，以便获得病人健康状况信息的一种实验室。——编者注

彼此勾结，使竞争恶化，到最后即便胜出者也将后悔自己的报价。但由于缺乏信任，这些医院发现扰乱彼此的报价比找到基于共同利益的合作办法要容易得多。

解决方案

在当地商业界领袖的鼓励下，当事各方回到了谈判桌边，开始通过调解员了解在创建联合实验室这件事上各方的利益。病理学家、实验室运营管理者、财务人员、医院系统的高管一起讨论了他们的基本利益。其中，最关键的共同利益是减少重复建设、创造规模经济，并保持或提高医疗保健水平。

谈判各方找到了一个解决方案，即建立一个所有医院共有的新实体——一个联合实验室。该实验室将依据协议方针开展检验业务，并拥有单一的补偿费率（与保险公司之间）。然而，随着谈判的推进，谈判各方仍然缺乏一个商业共同体，对他们新的冒险事业也缺乏经营眼光。尤其是谈判各方还发现，在没有体会到市场威胁的情况下，讨论补偿费很困难，而服务于相似市场的商业实验室管理人员反而容易统一他们的目标。到谈判的最后，几家医院设计了一项补偿计划，要与保险公司进行谈判，补偿费率成为达成协议的关键障碍。

在招标最后期限的前两天，谈判各方签署了创建联合实验室的框架协议，并与保险公司在补偿费率上达成了一致。这个补偿费率每年可为当地社会节省数百万美元。将成立的实验室还包含一个新的信息系统，能为各个地区的医生提供空前安全的访问途径，以了解病人的实验室检验结果，尤其是那些在一家以上医院有医疗记录的病人。

利益是达成协议的难点和阻碍，是谈判各方的关注点、动机、诱因、潜在需求和动力，是人们开始一场谈判的原因。利益问题已被一些最好的谈判研究和谈判著作所关注，其中就包括罗杰·费希尔、威廉·尤里（Willian Ury）、戴维·拉克斯（David Lax）以及詹姆斯·西本斯（James Sebenius）的著作。

利益不同于立场。从谈判的目的出发,立场可以定义为谈判各方的要求。我们还可以用另一个办法来解释利益和立场的区别——立场是你主张什么,而利益是你**实际需要什么**①。

人们有时会在谈判中犯的简单错误,就是仅仅基于对方明示或暗示的要求去谈。了解自己潜藏于要求之下的利益,你就能有力地洞察谈判,这样你就不会提出又极端又不合理的要求,也就无须回应或反驳对方对这些要求的质疑。

总结:利益

专注于利益
- 了解谈判对手的关注点、动机、诱因、潜在需求和动力
- 谈判双方互相了解彼此的利益,以使这些利益获得满足
- 为制订多个方案打好基础
- 避免陷入无意义的冲突和僵持状态
- 为双方依据合理标准作出公平决策创造空间

概要
利益是成功谈判的基础。

下面是一个围绕立场展开谈判的典型案例。

> 顾客:那幅猫王的黑天鹅绒画像卖多少钱?
> 店主:有猫王亲笔签名的那一幅吗? 500美元。
> 顾客:哇哦!我买不起。(开始向门走去)
> 店主:好吧,看你这么喜欢这幅画,就给你个优惠吧,425美元。
> 顾客:我现在得赶去机场,说实在的,我愿意出175美元。

---

① 例如在钉子户与拆迁方的谈判中,钉子户可能会主张要一个天价的拆迁费。但拆迁费并不是钉子户真正的利益所在,只能说是他们的立场。钉子户的利益可能是感情上对多年居住的房屋的依赖,也可能是需要借此表达对拆迁方的不满。如果不了解立场与利益的不同,拆迁方与钉子户的谈判往往就会徒劳无功。——译者注

店主：这是一件独一无二的收藏品，我已经收藏了10年，少于350美元我都不卖。

顾客：我最多出200美元。

在大部分时间里，谈判者都将注意力集中在价格与数字上。有时，人们会认为这就是迅速达成令人满意的交易的最好办法。但这种办法通常适用于一次性、低价值的交易，比如在旧货市场、集市这类讨价还价被公认为"游戏"规则的地方发生的交易。如果你正为对你而言更有价值的事情谈判，这么做会导致什么结果呢？对于生活中更为复杂的谈判而言，讨价还价并非最好的策略。哪怕只是买一辆新车，仅仅讨价还价根本无法充分满足你在价格、筹资、折扣、选择自由等方面的利益。随着谈判复杂性、交易重要性的增强，由讨价还价主导的谈判就会变得越来越痛苦、代价高昂和无效。

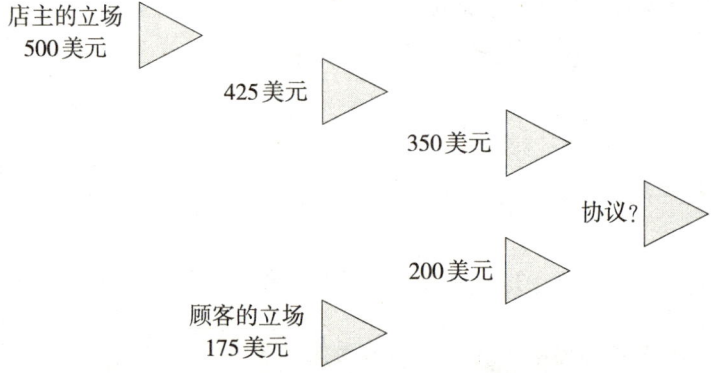

专注于谈判双方的利益，是将自己从讨价还价陷阱中解脱出来的第一个秘诀。潜藏于立场之下的利益才是谈判者真正的动机。满足立场唯有一种途径，满足利益却有许多种途径。一项协议对谈判双方的利益满足得越多，交易就越成功。

看一看海伦·霍普斯的例子。海伦·霍普斯是美国女子职业篮球界的顶级球员，正与旧金山金门篮球队重议她的服役合同。海伦刚刚结束了一个全明星赛季，她的经纪人莫妮卡·李将与金门球队总经理克里·韦斯特讨论这项可能的交易。

谈判双方	谈判双方的代理人
海伦·霍普斯	海伦·霍普斯的经纪人莫妮卡·李
金门球队老板乔治·森博格	球队总经理克里·韦斯特

让我们看看谈判双方的利益（下表）。如果莫妮卡和克里真正了解自己老板的利益，那他们就能起草一份很符合他们老板潜在需求的协议。莫妮卡和克里还应当判断老板利益的主次轻重。对海伦来说，优先考虑的利益是得到尽可能好的待遇，并获得长期合同的保障。金门球队的老板会优先考虑的是为球队的持续成功打好基础。如果不了解各自的利益，谈判者就很可能在金额上讨价还价，从而忽略谈判的价值。

海伦的利益	球队老板的利益
得到尽可能好的待遇	球队赢得联赛冠军
获得长期合同的保障	为球队的持续成功打好基础
证明她仍是最好的球员之一	刺激门票销售
受到尊重	吸引其他有天分的球员
留在她长大的地方	控制预算
赢得冠军	解决现金流问题
在金门球队待到退役	避免开创不利于球队的球员薪酬先例
获得更多的商业代言	使球队保持高昂的斗志
被当作球星对待	满足球队少数老板的利益
获得更多成就，赶超老球星	保持球迷对球队的忠诚和兴趣，并取悦他们
有机会打破个人记录	保证海伦没有伤病
赚钱	
为她的下一份职业增加价值	
在相关的商业活动中利用她的价值	
自由发展自己的业余爱好	

真正高效的谈判者能洞察谈判桌上每一个人的利益和谈判桌外其他决策者的利益，这样他们对于要达成哪种类型的交易、什么报价对所有人都有利就能有所洞见。要了解对方的利益，直接询问比猜测更有用。举个例子，你猜测对方的利益是"想赚更多的钱"，你有可能是错的，对方真正

的利益也许是"开始为退役做准备"[1]。在寻找一个问题的双赢解决方案时，表明自己真正的利益比简单地将自己的利益与你推测的对方利益对立起来更有效。

让我们看一看将对海伦和金门球队的交易产生影响的其他人的利益——莫妮卡和克里的利益。

莫妮卡的利益	克里的利益
多为几个球员做经纪人	尽可能拥有球场上最好的球队
树立自己作为顶级经纪人的声誉	为球队的成功打好基础
尽可能为海伦争取到最好的待遇	让球队老板满意
与球队建立并保持良好的关系	增加门票收入
赚取高额佣金	提高球队的知名度
	吸引顶级球员
	将球员的薪酬保持在一定限额内
	增加球队的市场价值

只要分析与谈判成果息息相关的各方利益，包括球员和球队的利益，我们看待谈判的视角、对可行方案的思考就都会有所提升。对任何谈判者而言，这种分析都是极其重要的智慧，却由于谈判者只关注立场而常常被忽略。发掘潜藏的利益更具挑战性，回报也更多，因为这些利益就是最初驱使人们走上谈判桌的因素。

利益并不一定是一成不变的，随谈判进程的变化，利益也可能改变，这意味着谈判者从始至终都要明确自己的利益所在。实际上，你如何理解自己的利益、谈判对手如何理解你的利益，也是谈判中一个重要却容易被忽略的问题。谈判者对利益最无益的理解是："要么你屈从于我的要求，要么我屈从于你的要求。"

要达成谈判双方都能接受的、有价值的协议，就要汇总并满足双方的利益。而立场通常与谈判者最初的要求差不多，因此理应受到同样的对待。

---

[1] 对篮球运动员而言，退役后拥有再多的钱可能都不如拥有足够年限的保险和下一份职业的安排有利。——译者注

问与答

提问

向对方提问,以了解对方的利益,属于本书第二部分讨论的4D程序"发掘阶段"。有问题问对方有助于推动谈判进程,这样也就不会脱口问出一些没有教养的问题,比如"你到底在想什么?"

在海伦与金门球队的谈判中,只要看看前面列出的各方利益,你就会发现一个高效谈判者该了解的几个因素:共同利益、不同利益,以及相互冲突的利益(比如在薪酬方面,海伦想要得更多,金门球队则希望能少付一些)。很明显,通过了解(或至少猜测)所有这些利益如何彼此关联,你就能想出有吸引力的方案、薪酬和报价。

分析下表列出的利益,了解一下海伦和球队老板的谈判中有哪些共同利益、不同利益和相互冲突的利益。共同利益是谈判双方共同拥有的利益;不同利益虽然并不是谈判双方共同拥有的利益,但也不与对方的利益产生冲突;相互冲突的利益则不仅与对方的利益有所不同,还以某种方式与对方利益产生冲突。例如,海伦和球队老板乔治在将球队办好这件事上有着共同的利益。对乔治关注的球队市场价值问题,海伦可能不大关心,至少没有这样或那样的强烈主张。而乍一看,他们俩在薪酬这个利益上可能会产生冲突,因为海伦薪酬越高,乔治就挣得越少。

利益	冲突的	共同的	不同的
最大化海伦的薪酬收入	√		
尽可能提升球队的市场价值			√
改善球队的名次和表现		√	
给海伦最大的自由去发展业余爱好(比如骑摩托车)	√		
吸引顶级球员入队		√	
增加门票收入		√	
控制球队在球员薪酬方面的预算			√
最大化经纪人的佣金收入			√
使海伦获得公司或产品的商业代言		√	

正如你所看到的，海伦与球队有许多共同利益。尽管经纪人与球队总经理第一次见面时，他们的立场和要求看上去是对立的，但他们有许多共同的潜在目标，实际上只有相对较少的利益才彼此冲突。在这种情况下，富有创造性的谈判者会发掘更深层次的利益，以找到双方利益的互补点。

实际上，通过了解双方的不同利益，以及这些利益的主次轻重，你才能创造谈判的价值。毕竟，并非所有利益都一样重要。了解利益的主次轻重，就能确保优先利益首先得到满足，从而有助于达成协议。这是谈判的一个重要步骤——谈判是双方相互说服、相互影响的过程，所以谈判双方要相互了解。

只要分清利益的主次轻重，双方就可以了解彼此的动机，开始逐步达成协议。谈判者先要认识到了解利益的主次轻重很重要，再深入辨别各种利益的共同、不同及冲突之处。看看下面的表格。谈判双方都希望控制今年的应纳税款，因此，减少球队的前期投入就是双方能达成协议的一个点。

主次级别	海伦在薪酬方面的利益	球队老板在预算方面的利益
主要	·在商业代言问题上保持自由 ·控制今年的应纳税款	·控制今年的固定成本增长 ·尽可能为球员的薪酬保密
一般	·以两年内曾有过的最高薪酬退役	·吸引顶级球员 ·推迟支付新的签字费[①]
次要	·最大化当前的现金收入	·今年尽量少交税 ·对明年可预期的额外收入做灵活的预算

可以借助下面这个案例去学着了解利益。

案 例

达林和韦曼是一家饭店的合伙人，达林还是这家饭店的主厨。他们正

[①] 为了吸引球员，球队在球员转会时会付给球员一笔钱，这就是签字费。——编者注

努力重谈合作条款，他们之间的对话已经剑拔弩张了，下面是对话的一部分。猜一猜他们的利益所在，将答案写在空白处。

韦曼的话	韦曼的潜在利益
· 嘿，我投了 20 万美元在这个饭店，我得到的是我应得的。 · 你总是羞辱我在任何事情上的品位。 · 没有我的话，你多半找不到这个地方。 · 在聘用副厨师长这件事情上，我甚至都没有发言权。	

达林的话	达林的潜在利益
· 你必须给我 25% 以上的利润，我没日没夜地在这儿干。 · 这家饭店最早是我开的。 · 我无法忍受你干预厨房的事情，在我们最忙的那一周，你差点跟我的副厨师长打起来。	

很快，达林和韦曼都会开始寻找对彼此的更多认同，这也许是发现彼此共同利益的一个良好开端。

下面列出了谈判双方的一些潜在利益。

达林的潜在利益：
- 很明显他有经济利益，但他可能也关心相对于回报自己付出的时间和精力
- 获得认同和承认
- 保持员工的斗志、创造积极的工作环境

韦曼的潜在利益：
- 使自己的投资获得一个好的回报
- 获得认同和承认
- 被尊重、受到礼貌的对待

本章小结

- 利益潜藏于立场之下，是谈判者的动机
- 利益是成功谈判的基础
- 利益有相同的、不同的和相互冲突的
- 了解自己潜藏于立场或要求之下的利益，你就无须回应或反驳对方对这些立场或要求的质疑
- 为谈判做准备时分清利益的主次轻重，有助于达成协议

现在，让我们来关注自己的谈判，就是之前记下的那一场。花些时间在下面的表格中列出谈判各方的利益，然后标明这些利益是共同的、不同的或相互冲突的利益，并判断利益的主次顺序。

谈判工作表2：各方利益清单

	利益	类型	主次顺序
你的利益			
对方的利益			
其他相关主体的利益			

类型
S= 共同
D= 不同
C= 相互冲突

主次顺序
H= 主要
M= 一般
L= 次要

概念速解:利益

定义	利益是谈判双方的诱因、需求、动力、关注点和忧虑。
重要性	利益是整场谈判的基础,是谈判发生的原因。
准备活动	了解自己的利益,再花些时间思考对方的利益,并分析利益的主次轻重。
对话示例	问:"你这项提案背后的动机是什么?" 答:"我真正关心的,是树立一个为整个组织和追随你的员工效力的先例。"
提示	换位思考,了解对方的利益。关注共同利益。

练 习

一、不定项选择题

1. 利益是什么？
   A. 谈判双方的潜在需求、关注点和诱因
   B. 协议提案
   C. 有效谈判的基础
   D. 客观基准、标准和先例

2. 立场是什么？
   A. 谈判开始时一方提出的要求
   B. 一个人表达的忧虑，即他的谈判动力
   C. 某一方为达成协议提出的一个解决办法
   D. 了解一个人潜在利益的线索

3. 要比较谈判双方的利益，要看：
   A. 共同的、困难的和固定的利益
   B. 共同的、不同的和固定的利益
   C. 共同的、不同的和相互冲突的利益
   D. 奇异的、无理的和有趣的利益

二、下面的陈述表达的是利益还是立场？

1. 我们不打算把房子漆成黄色。
2. 我们需要将这个项目标价为15500美元。
3. 我们需要保障自己的安全。
4. 在这个项目上，我们必须再加5个人。
5. 我担心没有资源可供分配。

三、对错题

1. 利益是谈判双方真正想要的、一成不变的东西。

2.利益存在于谈判双方的表面要求之下,并总在要求的下一层。
   3.谈判双方对于各自的各种利益,要能分清不同的价值和主次顺序。
   4.由于利益是变化的,所以区分利益的主次顺序是浪费时间。

答　案

一、不定项选择题

   1.利益是什么?
      A. 是。这是利益的基本定义。
      B. 否。协议提案只体现立场,提案背后潜藏的需要才是利益。
      C. 是。了解谈判双方的利益是谈判成功的关键。
      D. 否。利益是主观的,而不是客观的。

   2.立场是什么?
      A. 是。这是立场的基本定义。
      B. 否。虽然忧虑和动力可能驱使谈判一方表明立场,但它们仍是利益。不论另一方是否认为这些忧虑和动力都是理性的,一方都会"主观"地相信自己的忧虑就是自己的利益。
      C. 是。立场就是谈判一方为达成协议提出的解决办法。
      D. 是。通过弄清对方立场的形成原因,一方就能了解另一方的利益。

   3.要比较谈判各方的利益,要看:
      A. 共同的、困难的和固定的利益。
      B. 共同的、不同的和固定的利益。
      C. 共同的、不同的和相互冲突的利益。
      D. 奇异的、无理的和有趣的利益。

二、下面的陈述表达的是利益还是立场?

   1.立场。没有解释将房子漆成黄色满足了什么利益。
   2.立场。尽管使用了"需要"这个词,但陈述者只关注解决办法。

3. 利益。在如何保障安全方面，陈述者没有提出特定的要求，但这么说表明陈述者在维护自己的利益。许多种方案都可以潜在地满足这一利益。
4. 立场。陈述者没有解释项目的参与人数与什么利益相关。
5. 利益。陈述者没有就如何满足"足够的资源"这一利益提出明确的要求。

三、对错题

1. 错。利益往往是动态的，会随着谈判者的视角和形势的改变而改变。此外，谈判一方也能影响另一方看待自己利益的方式。
2. 错。利益可能相当深入，并有很多层。在任何事情上，谈判双方都可能有不止一种利益，你的利益并不总能与对方的利益一致。
3. 对。区分利益的主次顺序是提高谈判技能的关键。
4. 错。在特定的时间明确彼此最重要的利益，谈判双方就更有可能达成协议。

第2章　方案：创造性地集思广益

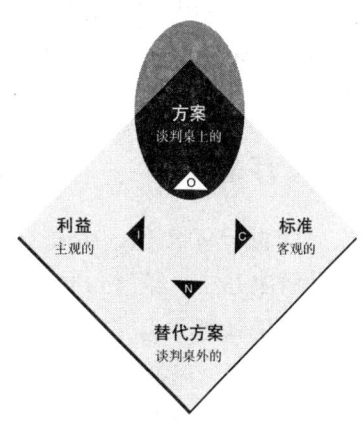

方案是指满足谈判双方利益的各种可行的解决办法，是谈判双方达成协议或作出同意表态的可能性。

挑　战

1996年，圣迭戈①教师协会与该市学区的关系直线下滑，双方的谈判中充斥着很多愤怒的示威和人身攻击。教师协会和学区管理层都采用了传统的让步策略，但根本没有奏效。同年2月，谈判破裂了，教师协会随即号召其成员开始罢工。罢工令人痛苦地持续了5天，直至教师协会和学区管理层公布了一个解决办法才结束。学生家长、纳税人和商业界都在口头上对罢工表示了反感，家长们甚至组成了自己的联盟。这时，又有人出来指责谈判双方有种族歧视②的嫌疑，各个阵营的人们都感觉自己受到了攻击、欺骗和伤害。

1998年，谈判双方回到谈判桌边，开始了新一轮的谈判。谈判中一个尤其困难的主题是该如何处理教学质量差的学校。这些学校有很多问题，其中包括在标准化测试中的极差表现。谈判的困境在于教师协会的立场与

---

① 美国加利福尼亚州的一个太平洋沿岸城市。——译者注
② 教师协会希望统一所有教师的薪酬，但谈判双方在这一点上没有达成共识。因此，如果一个黑人教师的工资比白人教师少，黑人教师就很可能认为这是种族歧视。——译者注

学区管理层的立场相距甚远。之前，学区管理层要求对这些学校的教师发放绩效工资，但教师协会表示"没有绩效工资"一说，并拒绝就该问题进一步展开讨论。由于采用的是传统的谈判策略，双方的谈判就此终止。

而那些组成联盟的激进家长们认为不论从种族，还是从课程关注度上看，教学质量差的学校都受到了忽视，这激怒了他们，从而使形势恶化。还有一些家长要求列席谈判，以使他们的呼声能够被听见。

解决方案

20世纪90年代，劳资双方为了改善关系，都不断探索更多的合作式问题解决办法。经过1996年的罢工风波，圣迭戈教师协会与学区管理层在1998年的谈判中也转而采用这种办法。虽然谈判团队没有同意家长们列席谈判的要求，但都了解了家长们意见的重要性和紧迫性。

谈判双方承认他们面临着共同的问题，并明确地表达了彼此的共同利益。他们意识到，教学质量差的学校很难招到教师，人员流动性长期都很高，这就使得这些学校新上岗教师和经验不足的教师在总体比例上严重偏高。教师协会主席马克·纳普说："我们有大约两千名新教师需要得到支持和帮助。"而专家认为，教师的经验与学生的表现是成正比的。

经过长时间的集思广益，谈判双方提出了导师制的方案。根据这一方案，有经验的教师可以申请担任三年的导师，但要同意到一个比较难招到教师的学校去，与新上岗的教师一起工作。导师每年可以获得4500美元的额外资助，并可以自由选择是否再做三年的导师。谈判双方知道，如果不在所有学校都推行导师制，他们就会遭到批评。但正如一个教师协会代表所说，"我们必须将有限的资金投到最有用的地方，必须为这些特殊的学校做些什么，如果我们不这么做，这次的谈判也将只是浪费时间。"

圣迭戈市学区总管伯莎·彭德尔顿对这一方案的提出感到非常激动："我们的导师拥有宝贵的经验，能集中帮助那些学校提高学生的成绩。令人吃惊的是，在谈判开始前任何一方都没有想到这个主意。"

1998年4月1日，经过三个月的紧张谈判，谈判双方在新的三年合作问题上达成了一致。在该学区历史上，双方在上一份合同终止前就签署新合同,这还是第一次。新合同由于薪酬安排的负责、公平而受到了赞扬。这个革新方案能提高最差的学校的教学质量,那些曾经大声抗议的学生家长们现在也为这个方案而欢呼了。

(资料来源:莫琳·麦基,《学校、教师迅速达成了协定,圣迭戈罢工的记忆有助于促成一致》,《圣迭戈联合论坛报》,1998年4月2日)

总结:方案

专注于方案
- 提出更具创造性的解决方案
- 使谈判双方更好地满足自己的利益
- 创建最可行协议(the Best Possible Agreement,BPA)

概要
方案为谈判提供答案。
方案是共有问题的共同解决办法。

圣迭戈学校的案例帮助我们认识了谈判者在谈判中"做大蛋糕"的最有力方法之一:寻找"盒子之外"的解决方案。只要真正了解谈判涉及的各方利益,你就能通过集思广益想出满足这些利益的许多方案。也就是说,只要了解谈判双方的潜在需求和渴望,你就能想出大量的方案来满足它们。在"ICON价值钻石"中,"方案"是谈判双方最终同意的可行方案,是双方为了结束谈判,都表示赞同的提案或报价的组成部分。我建议,不要在谈判一开始就跳到自己的方案上。没有充分了解谈判双方的利益,就无法找出最好的解决方案。所以,花时间去了解和讨论利益,能为好方案的提出打下基础。

让我们回顾一下海伦·霍普斯与金门球队之间的谈判。了解了谈判双方的利益,许多方案就可以拿到谈判桌上去讨论。海伦的经纪人和球队经理可以就薪酬、职责、特权、合同期限和签约条件等事项提出无数种方案。在这种背景下,谈判"事项"就是谈判中要讨论的特定要点、问题或问题的范畴。

能满足谈判双方的共同利益或不同利益的方案,最有可能让谈判双方达成一致。毕竟，片面的方案会被理解成立场。海伦想减少今年的应纳税款，球队则想控制固定成本，这样的话，在未来几年（而不是今年）给海伦提薪或延期向海伦支付奖金就是一个能满足双方利益的方案。下面的表格列出了这一方案和其他方案。

海伦与金门球队签约谈判中的方案

事项 1：薪酬
- 延期支付奖金和（或）工资
- 固定薪酬率或底薪加奖励
- 奖金基于参赛场次、全明星赛季的表现、最有价值球员的认可程度、得分数，以及篮板表现

事项 2：职责
- 海伦担任球员兼教练
- 海伦拥有自己的电视或广播秀

事项 3：特权
- 给海伦更多的赠票
- 更衣室里配备私人按摩师

事项 4：期限和签约条件
- 交易否决权
- 薪酬由保证金和无保障薪酬构成
- 退出条款①
- 2~3年的合同期限

事项 5：其他
- 聘用海伦的父亲哈利做教练

达林和韦曼合开的饭店又该怎么办呢？其实，只要多花一些时间彼此

---

① 如果海伦在合约期限内离开球队，就要对球队进行赔偿。——编者注

沟通，或心态再开放一些，分享彼此的期望和挫败，他们就能找到谈判的解决方案。对利益的主次轻重进行排序，是有助于谈判成功的第一步。基于我们已知的信息，他们可以考虑的方案之一，是让达林拥有更多的股份，让韦曼在餐厅的日常管理中扮演更重要的角色。

谈判双方要通过集思广益可行方案、仔细梳理双方可能达成一致的方案，来为谈判做好准备。在谈判过程中，双方会努力达成一个好的协议，我们称之为"最可行协议"（BPA）。最可行协议是最终的"双赢"方案，对谈判双方而言是最理想的方案，是最大限度地"做大蛋糕"，获得最客观、最公平结果的一个方案或一整套方案。谈判前准备好最可行协议，并以达成该协议为目标，就能使你在谈判中专注于创造价值。对自己努力的目标有一个清晰的认识，人们就会更成功。如果谈判双方真正了解自己谈判中的ICON要素，他们就能达成一个满足彼此需求的绝佳交易。在谈判伊始，最可行协议可能只具备雏形，但会随着谈判双方对彼此利益的深入了解而发展。要持续展望或讨论一个理想的协议对谈判双方而言应该是什么样的。记住，对可量化的事项设置弹性范围会有帮助，此外，除非谈判已经开始，否则你是无法想出创造性方案的。

在海伦·霍普斯的谈判中，假定海伦和她的经纪人莫妮卡从她们的角度提出了一个能最好地满足她们利益的最可行协议：

海伦的最可行协议

- 签两年的合约：
  第一年薪酬：130~160万美元
  第二年薪酬：150~200万美元
- 25~50万美元的签约奖金，延期到第二年支付
- 5~7.5万美元的最有价值球员奖金
- 2.5~5万美元的全明星成员奖金
- 交易否决权
- 每周安排一次电视—广播秀
- 担任球队队长和球队发言人
- 合约期限内海伦不骑摩托车

要注意的是，在最可行协议中可量化的事项设置弹性范围而非固定数值，可以防止最可行协议变成立场。尝试给衡量标准（在这个案例中，衡量标准即海伦的表现）设置弹性范围也有帮助。用弹性范围谈判，还有助于防止讨价还价。

了解自己的最差可行协议（Minimum Possible Agreement, MPA），即"底线"，也很重要。这不仅仅是从经济利益上说的。最差可行协议中的条件是你在任何协议中都希望列出来的条件。如果对方给出的条件比你的最差可行协议条件还差，你就会觉得达成协议没有意义，谈判也就到达了一个点，这个点应当作为考虑采用替代方案（见第四章）的临界点。了解自己的替代方案有助于制订最差可行协议。但有一点很重要，推进谈判时，最差可行协议不要与你的想法相近或支配你的行为，这么做会妨碍你与对方达成协议，因为最差可行协议往往会引发立场导向的行为。

在海伦·霍普斯的谈判中，海伦和她的经纪人莫妮卡制订了最差可行协议，以便了解在怎样的情况下要严肃地考虑终止谈判这一问题。金门球队的总经理克里·韦斯特也做了同样的事情。下面就是双方的最差可行协议。

海伦的最差可行协议	总经理的最差可行协议
·签一年的合约	·签一年的合约
·120万美元的年薪（基于纽约Turnkey队给海伦的报价）	·150万美元的年薪（基于球队的最佳替代方案——引进另一个球员莎奇拉·伊格尔斯克劳所需支付的年薪）
·有薪酬保证金	·合约期限内海伦不骑摩托车
·交易否决权	

下面的案例可以帮你练习制订方案。

案 例

克里斯蒂娜是一幢双层公寓的租客之一，也是附近一所社区大学的教授，教学任务很重。她住在顶层，而另外一名租客布赖恩住在楼下。布赖恩喜欢弹钢琴。他总是在傍晚前后弹钢琴，这就干扰到了克里斯蒂娜，因为那个时间正是她批改作业和试卷并备课的时间。克里斯蒂娜找布赖恩谈了谈，他们起初的对话主要集中在利益问题上。

克里斯蒂娜的利益	布赖恩的利益
专心工作	提高钢琴琴技
听不到讨厌的音乐（摇滚乐）	做一个好邻居
听得到喜欢的音乐（古典音乐）	锻炼创造力
做一个宽容的邻居	感觉自己能掌握练琴的时间

你能看出克里斯蒂娜与布赖恩有什么共同利益吗？"做一个好邻居或者宽容的邻居"可能是他们共同利益的一个有力基础，这表明双方都愿意对自己目前的行为做一些合理的调整，以取悦他们的邻居。你能提出什么样的方案？写下三个可以满足以上利益的方案，并与后面的方案示例相比较。

方案

1. _____
2. _____
3. _____

布赖恩与克里斯蒂娜的谈判方案示例

1. 布赖恩了解了克里斯蒂娜的作息时间表，她在家时就不弹钢琴。
2. 克里斯蒂娜在家时，布赖恩练习弹奏古典音乐（而不是其他类型的音乐）。
3. 只要被音乐干扰到，克里斯蒂娜就给布赖恩打电话。
4. 布赖恩将钢琴搬到房子后部的日光室中，因为克里斯蒂娜在日光室上方待的时间不多。
5. 克里斯蒂娜将她的键盘式电子琴借给布赖恩，这种琴弹起来跟钢琴一样，但带有耳机，这样就不会有声音打扰到别人了。

所有方案在谈判中的价值都一样吗？也一样，也不一样。集思广益的目标应该是创造性地探索出许多能满足谈判双方共同利益和不同利益的方案，只要方案合适，被采纳的可能性自然就会比较高。

是什么制约着我们找到好的问题解决办法，无法有效地谈判？有时候，我们会以为问题就在于**问题本身**。这就好比一艘航空母舰上的一位经验丰富的舰长，他注意到前方的黑暗中有一束光，于是用无线电发出信号："你这是在向航空母舰**挑战**。快改变你的航线！"一个年轻的声音通过无线电传了回来，礼貌地建议舰长改变航空母舰的航线。舰长愤怒地回答："年轻人，这是一艘航空母舰，我是舰长。立即改变你的航线！"对方怯怯地回复道："长官，我在一座灯塔上，建议您尽快改变航线。"

这里，舰长有几个判断失误。他以为可以用职权强制对方接受命令，以此解决问题，还以为问题、问题解决办法都该由别人负责。实际上，他们面临的紧迫问题是共同的，相撞并不符合任何一方的利益。

只要吸取这个简单的教训，许多谈判就能得到更有效的解决。共同的问题要制订共同的解决方案，即与谈判双方的利益直接相关的方案。

另一个妨碍有效谈判的因素，是我们通常会想当然地认为谈判者的任务仅仅只是尽可能多地抢占利益。这个信念来自于一个错误的观点，即"他们得到什么，我就会丧失什么，因此我必须尽可能多地抢占，并且动作要快"。实际上，尽可能多地创造谈判的价值才是首要的，然后再讨论以何种公平合理的方式分配这些价值，这就是"将蛋糕做大"的理念。最好的谈判者会通过制订许多方案，来尽可能地满足谈判双方的需要。从这个意义上说，方案就是用来"做大蛋糕"的工具。

问与答

方案未被接受

有时，没有一个方案能被谈判双方所接受。你可能会碰到一个非常强硬的谈判对手，或被限定在没有讨论余地的框架内谈判。这种情况下，就要考虑一下你的最佳替代方案（the Best Alternative to a Negotiated Agreement，BATNA）。与对方讨论你的最佳替代方案是谈判的一个有力工具。并且，终止谈判、采用最佳替代方案可能比达成很差的协议更能满足你的利益。本书第四章将详细讨论最佳替代方案。

本章小结

- 方案是能满足利益的可行解决办法
- 创造性的方案能"做大蛋糕"
- 方案可以针对与谈判各个事项相关的利益量身定制
- 花时间集思广益,能制订出更多的创造性方案
- 最可行协议是最符合谈判双方利益的一整套方案
- 最差可行协议是谈判一方能接受,但最不满意的一套方案
- 致力于制订方案,就能找到共同的问题解决办法,从而构建共同的解决方案
- 在为谈判做准备时,探索可能会被接受的方案有助于达成协议

现在,让我们回到自己的谈判。回顾上一章你写下的利益,然后集思广益出一些方案,填在下面的表格中。

集思广益后评估一下,看看哪些方案能组成最可行协议,哪些方案会组成最差可行协议。

谈判工作表3:方案分类表

方案	最可行协议	最差可行协议

〔给上面的方案分类,看哪些方案是最可行协议和(或)最差可行协议的组成部分。〕

概念速解：方案

定义	方案是能满足利益的可行解决办法，一些方案将成为最终协议的一部分。
重要性	找到能满足利益的方案，将大大提高协议达成的可能性。
准备活动	提出许多可能会满足谈判双方共同利益、不同利益和相互冲突的利益的方案。
对话示例	问："怎样可以满足你对质量的要求？" 答："我确信有很多种办法可以满足这一点。对此，我有一些自己的想法。我并不是要你作出保证，我们可以一起集思广益讨论方案，然后再作出决定。"
提示	制订方案时，要设定思考的范围，先专注于大体的想法而不是想法的具体细节。与对方分享你的方案，而不提出要求。不要一开始就对所有事情说"好"或者"不好"。

练 习

一、不定项选择题

1. 方案是什么？
   A. 是达成协议的唯一正确途径
   B. 是了解人们潜在利益的线索
   C. 是客观标准、基准或先例
   D. 是谈判讨论的具体范畴或问题

2. 谈判事项是什么？
   A. 是谈判一方的需要或欲求
   B. 是可行的解决办法
   C. 是谈判讨论的具体范畴或问题
   D. 是谈判一方作出的要求

3. 最可行协议是什么？
   A. 是在你看来最理想的方案
   B. 是谈判双方的最终解决办法
   C. 是通过制订方案、制订协议条款得出的一个问题解决办法，这一办法能"将蛋糕做到最大"
   D. 是用来对创造谈判价值保持专注的一个指标
   E. 在最终没能达成协议的情况下，针对一个事项达成的一项协议

4. 最差可行协议是什么？
   A. 是着眼于标准、替代方案制订出的方案
   B. 与谈判者的底线相似的方案
   C. 只与经济事项相关的方案
   D. 为谈判者采用替代方案提供临界点的方案
   E. 对谈判任何一方而言都有所不同的方案

二、下面的问题探求的是利益还是方案？

1. 你在担心什么？
2. 怎么做才能帮助病人满足他们得到更多照料的要求？
3. 分配这项工作的方式有哪些？
4. 为什么产品又小又轻，可以用公文包携带，对你来说很重要？
5. 既然我们都知道彼此要努力达成的目标，接下来就针对每一方的具体角色和职责来集思广益吧。现在我们需要更多具体的东西。

三、对错题

1. 立场是谈判双方的潜在欲求或需要，要求则是满足这些欲求或需要的办法。
2. 立场是一个可行的方案。
3. 方案并不是用来满足谈判双方利益的东西。

答 案

一、不定项选择题

1. 方案是什么？
   - A. 是。方案既是方案，也是立场。记住，立场是只专注于一个方案的要求。
   - B. 是。方案能满足利益，了解方案就可以深入了解潜在的利益。
   - C. 否。这是标准的定义。
   - D. 否。这是事项的定义。每个事项可能有不同的方案。

2. 谈判事项是什么？
   - A. 否。这是利益的定义。每个事项可能涉及不同的利益。
   - B. 否。这是方案的定义。
   - C. 是。这就是事项的定义。
   - D. 否。这是立场的定义。谈判者在每个特定的事项上都可能会有一个立场。

3. 最可行协议是什么？

   A. 否。最可行协议要在谈判双方看来都是最理想的一整套方案。当然，这取决于谈判成功的可能性大小。最可行协议是尽可能客观公正的一个协议。

   B. 是。最可行协议是谈判双方都接受的最终解决办法，参见答案 A。

   C. 是。要制订一整套能"将蛋糕做到最大"的方案，组合、调整方案很有必要。

   D. 是。对理想的方案有想法，有助于谈判者保持专心，并专注于创造谈判的价值，而不是随大流，只想着瓜分。

   E. 否。在最终没能达成协议的情况下，针对一个事项达成的协议是本书第七章讨论的临时协议。

4. 最差可行协议是什么？

   A. 是。制订最差可行协议的主要方式就是着眼于标准和替代方案。

   B. 是。最差可行协议与底线相似，是谈判者终止谈判的一个临界点。找出此答案与答案 C 的区别。

   C. 否。底线通常被认为只与经济事项相关，而最差可行协议关注的是必须向前推进的整体协议。

   D. 是。最差可行协议为谈判者采用替代方案提供了一个临界点。然而，要注意的是，谈判中不要过分关注自己的最差可行协议，不然会导致立场导向。

   E. 是。每一方都有自己的最差可行协议。但在必须达成一致的事项上，双方的最差可行协议可能会相似。

二、下面的问题探求的是利益还是方案？

1. 利益。"担心"这个词通常暗示着利益。
2. 方案。这个人在寻求能满足病人得到更多照料的要求的可行方案。
3. 方案。这个人在寻求分配工作的可行办法。
4. 利益。这个人在问为什么满足特定的利益（又小又轻）很重要，了解利益的主次轻重有助于制订更好的方案。
5. 方案。谈判双方正在努力做一些更具体的事情，通过敲定具体角色和职责来采取具体的行动步骤，所以他们是在探索方案。

三、对错题

1. 错。利益是潜在的欲求或需要，方案是满足这些欲求和需要的办法。记住，如果你提出你的"需要"和"欲求"，你就可能会得到方案而不是利益。谈判者都希望或需要他们的利益得到满足，他们选择的方案被接受。就像冰山的绝大部分都潜藏在水下，利益通常潜藏在视线之外。
2. 对。立场确实只是一个可行的方案。虽然立场常常被描述成满足利益的唯一办法，但方案只是满足利益的可行办法之一。
3. 错。方案就是为满足谈判者的各种利益而制订的可行办法。

第3章　标准：用客观标准代替主观意志

标准是先例、基准和规范，是筛选方案的客观依据。

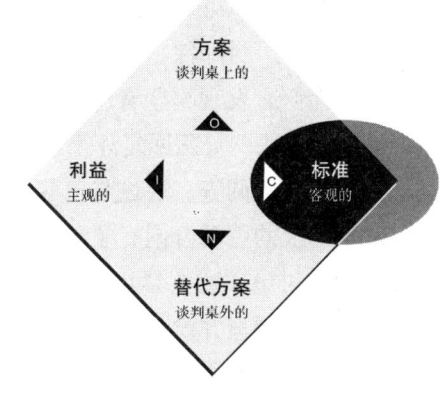

挑　战

吉娜是世界最大的咨询公司之一GLNS公司巴黎办事处的一名高级经理。由于吉娜的丈夫在马尼拉找到了一份梦寐以求的工作，在过去的六个月间她一直都在设法调到马尼拉办事处去。贝蒂是马尼拉办事处的人力资源部职员，她要求吉娜签署一份"竞业禁止"[①]条款，声明如果离开GLNS公司，吉娜不能在马尼拉加入其他咨询公司或创办自己的咨询公司。吉娜担心的是，如果她在马尼拉办事处的工作不如意，辞职的话就可能会被困在马尼拉，无法谋生，也不能继续她的职业。

在吉娜和贝蒂的初次会谈中，吉娜听到"竞业禁止"条款时表达了她的震惊。在她的职业经历中，吉娜从未遇到过这样的合同条款，她都不知道该说什么好了。贝蒂（有着顽固的名声）对吉娜说："公司过去在这方面曾遭受重创，因此我们必须在合同中加入这一条款。"吉娜已经在GLNS公司工作了五年，工作评价一直很好，并有望晋升为合伙人。虽然她不想放

[①] 竞业禁止（Non-competition）是指用人单位为保护其商业秘密，与员工达成的一种协议，协议规定员工在任职期间及离职后一定时间内不得从事与本单位相竞争的业务。——编者注

弃现有的一切，但如果这一条款无法废除，她也不想冒险陷入无法以自己喜爱的事业谋生的境地。她感觉自己被逼到了墙角。

解决方案

吉娜要求与贝蒂和她的新经理淳宇再谈一次。在会谈之前，吉娜给贝蒂和淳宇发了一封邮件，在邮件中问道："我愿意对'竞业禁止'条款做一些调查，你们有发现哪些有用的信息吗？"淳宇回复说，她想知道公司其他办事处的做法。贝蒂回复淳宇，她了解这方面的信息。

吉娜开始了调查。通过与巴黎办事处的人力资源部职员交谈，吉娜对法国及国际上的劳动合同有了更好的了解。她打电话给马尼拉的一位人力资源律师，讨论"竞业禁止"条款的强制性。又询问了公司的其他雇员，发现他们的合同里并没有这样的条款。她还发现有三名在马尼拉办事处待了不到一年的雇员最近离职了，并开了一家与GLNS公司竞争的公司。最令公司管理层不安的是，这三名雇员都经过跨国调职。公司在这些员工身上都有投入，为他们支付了搬家费、申领签证、提供培训、发放奖金，还引导他们熟悉新环境，但这些员工对自己的离职和离职后的行为却毫无愧意。

在第二次会谈中，吉娜与贝蒂、淳宇分享了她的调查结果。淳宇问国际标准劳动合同是什么样的，吉娜回答说："我这里就有一份，我相信你的文件夹里也有。贝蒂，如果我错了就请纠正一下，但标准劳动合同里并没有'竞业禁止'条款。"

"是的"，贝蒂表示同意，"但人力资源部门有权在合同中灵活地增加条款。"

"我可以理解"，吉娜说，"虽然我认为这一条款在强制性方面存在争议，尤其是在国外。如果需要的话，我可以将马尼拉一位律师对这个条款做的一些分析发给你。"

贝蒂和淳宇同意看看律师的分析。

吉娜继续说道："我想更多地了解你们增加这一条款的目的。"

"我不想纠缠于细节"，贝蒂说，"我只想说，我们担心我们的员工，尤其是跨国调职的员工加入竞争公司。"

"这可以理解",吉娜回答说,"看看我们能否找到一个大家都觉得公平的方案。贝蒂,听起来你似乎拥有很多我不了解的信息。我很想知道你们是如何对待近期其他跨国调职人员的。"

淳宇重复了贝蒂之前的说法:"我们感兴趣的是保护公司的未来,保护我们在跨国调职人员身上的投入。"

吉娜承认像她这样被调到国外办事处要耗费公司很多成本,"签两年劳动合同能解决这个问题吗?"她接着问道,"公司可以放心,在合同期限内,我都会留在马尼拉办事处工作。"

贝蒂和淳宇承认这的确能减轻她们的忧虑,同时确保马尼拉办事处的延续性和稳定性。

吉娜又表示:"我并不把两年看成合同的最低年限。我会对这个公司负责的。但如果签两年合同能让你们更放心,那我认为这么做很重要。"

三个人就此达成协议,"竞业禁止"条款也被废除了。

总结:标准

以标准为依据谈判:
- 可以确保谈判双方都不觉得自己在交易中吃了亏
- 为多种方案的筛选提供了合理的、中立的办法
- 使谈判者能发挥好的原则、可被接受的标准的力量
- 保护谈判者不被对方操控

概要

标准是有助于衡量谈判公平性的原则。

在许多谈判中,只要讨论利益和方案就足以达成协议,因为谈判者怎么说,"蛋糕就做多大"。但有些谈判仅仅依靠制订满足双方利益的方案无法解决,特别是对要作出财务或数值上的决定并分配价值的谈判而言。甚至对买卖汽车的双方而言,价格的问题也仍然存在——卖方想多赚一些,买方则希望少付些钱。在这类情况下,花些时间依据一定的标准作个估价,再制订对双方都公平的方案很有必要。

标准是规范、外部基准、常规做法，以及谈判时可以遵循的先例。要将标准看作谈判的客观部分，将利益看作谈判的主观部分。先了解利益，制订方案，再依据标准筛选方案，依据标准判断哪个方案公平，修改并筛选方案，从而使方案更符合双方可能接受的约定或最终达成的协议。

在大多数对抗性谈判中，标准会被故意忽视、遗忘或搁置一旁。对抗性的谈判者倾向于以自己的意愿为主，希望光靠不屈不挠就达到自己的目的。这种意志力竞赛的获胜者更可能伤害或威吓逼迫谈判对手，也可能会使对方感到更理亏，或者筋疲力尽并对谈判感到绝望。相反，依据标准进行谈判的谈判者更倾向于关注动机、公平及合理性，他们达成的协议能获得更多的满意。

谈判时，你往往会有一个"听众"。即便不在现场，"听众"们也在别处等着你传达结果。你很可能需要不时向你负有某种责任的人报告谈判过程中发生的事，这些人也许是你的老板、你的股东、你所代表的联盟的成员、你的配偶、你的孩子、你的选民、你的管理团队和（或）其他指望你能成功谈判的人。人们有时会感到惊奇，只要依据标准进行谈判，在向"听众"解释谈判结果时，他们就能站在更有力的立场上。比如在买卖二手车时，你会发现只要依据标准，向你的配偶解释车价就会更容易："那辆二手车他们付给我公平的市场价，而不是收购价。"或者"好吧，买主对我们那辆旧车的出价比我们原来期望的低3000美元。"标准强化了解释的力度。

你是否曾经迅速与某人达成协议，很快又隐约地感到后悔？有人把这种感觉称为"赢者诅咒"（winner's curse）[见巴泽曼（Bazerman）与尼尔（Neale）合著的《理性谈判》（Negotiating Rationally）一书]。在跟人讨价还价时，这种感觉就可能会得到验证，因为你的确有可能太快让步。但在大多数情况下，产生这种感觉是因为你认为只要坚持得久一些，你就能为自己争取到更多的利益。要避免这种感觉，依据标准谈判是一个办法。

让我们回到海伦·霍普斯的合约谈判中，看一下哪些标准适用于她的情况。如果我们目前只考虑经济报酬，下面几个先例或基准就有助于建构谈判的合理范畴。

海伦·霍普斯可以依据的标准	价值
海伦上一份合约的薪酬	100万美元
金门球队薪酬最高的球员——莱斯利·莉赛特的薪酬	80万美元
雷吉娜·米勒一类球星的薪酬	200万美元
纽约Turnkeys队给海伦的报价	120万美元
球队对空缺岗位的薪酬预算	450万美元（球队老板定的）
篮球中心的球员平均薪酬	50万美元
一名顶级中锋的价值	150万美元
金门队来自电视、广播、广告的收入	100万美元

有时，要找到有助于达成公平结果的先例、标准或基准并不容易。纠结于相互对立的标准时，谈判者也会陷入麻烦。在这种情况下，我推荐几个可行的办法。首先，如果你没有找到可以依据的标准，可以考虑将一些对谈判双方都有用的标准组合起来。如果你和你的配偶正在讨论你们四岁的儿子亨利该看多长时间的电视，你们就可以集思广益，想出一些新的标准来衡量怎样的结果才公平。你的配偶可能不介意亨利看两个小时的早间卡通片，尤其是公共电视频道的卡通片。但在电视节目内容之外，你可能还关心别的方面："亲爱的，孩子看这么多电视，看上去都不想吃早餐了，这样我们上学、上班都会迟到。我们为什么不用一个星期试试看？如果限制他每天只能看一个小时的卡通片，并且要分两次看，效果会怎么样？我们可以在一个星期过后再做决定。"

如果你遇到的是相反的情况——有太多的标准可供使用，并且其中一些标准还相互对立。在这种情况下，我们推荐两个办法。一个办法是依据谈判双方各自认定的标准谈判，每一方都要解释他的标准在符合对方的利益上有多公平。另一个办法是参照对立的标准来创造一个新的、概括性的或混合的标准。

例如，在国际性的谈判中，大多数国家遵守了任何国家都无权干涉他国内部事务的原则，即内部事务处理标准。但一些国际问题又重要到足以让一个国家去密切关注另一个国家的国内动向。还有些国际问题并非一个国家就可以解决，比如工业大气污染、全球变暖、臭氧层破坏等问题。如果谈判者有足够的想象力和创造力,他们就可以创造一个新的或里程碑式的标准,供其他人解决同类问题时参考。

对一条流经几个国家的河流而言,河水的使用常常就是一个需要协议解决的国际问题。如果每个国家都只按自己的喜好并基于内部事务处理标准的排他性要求来对待这一问题,就有可能导致严重的国际冲突。如果上游的国家在河上建了一座水电站,下游的国家却将河水当作饮用水并用在其他地方,这两个国家就需要找到一个创造性的、既能促进两国友好关系又可以满足各国国民需求的河水使用原则。印度河的河水是印度和巴基斯坦赖以生存的重要灌溉水源,但两国长年处于敌对状态。1960年,世界银行在印度河河水的使用问题上,促成印巴两国签署了一份里程碑式的协定。该协定不仅公正地分配了河水的使用权,还成立了一个永久性的联合委员会来监督河水的使用、规划,解决其他可能发生的争议。通过温和地化解这一冲突,这两个国家都吸引到了急需的基础设施建设投资,这些投资此前一直为印度河争端问题所阻碍。

最终达成的《印度河水协定》是如此具有创新性,令人深感钦佩。这份合约实际上为那些需要设法公平分享多国河流水资源的国家提供了一个**新的标准**。尽管后来印巴之间仍有战争,关系紧张,这一合约却得以延续。事实上,这是印巴之间唯一一份**始终**坚守的协定。

依据标准制订的方案会比较公平,有助于谈判者说服对方,因此,看出有说服力的标准的优点很重要,即便这一标准不是你选择的。从这个意义上说,谈判者不必拥有标准,标准应当被看作服务于所有人的共同财产。要记住,你可能需要为争议中出现的不同问题寻找不同的标准。比如"是的,查尔斯,我知道你是如何计算我的汽车维修费的。像你强调的那样,依据马萨诸塞州的法律,这种变速器的标准维修工时费是40美元一小时,我对此没有异议。我关心的是你的修理工在这项工作上花费的时间,根据沃尔沃汽车的《标准售后维修手册》,这种维修一般只需要4个小时。"

下面列出的标准属于比较常见的类型——法律、先例、类似案例、第三方评估和市场价格。

标准	标准类型
· 在堪萨斯州，除非雇主和雇员另有协议，否则雇员可以自由解除劳动合同。	法律
· 我们付给前一位保姆的报酬是每小时 9 美元。	先例
· 三家从事生物工业研究的公司对这个工作岗位的建议年薪在 7~9 万美元之间。	类似案例
· 虽然通常来说《凯利蓝皮书》①是值得信赖的汽车价格指南，但我们也要考虑到这种特定车型的配置升级成本，这种车型有很多定制的功能。	第三方评估和市场价格

在对抗性的议价谈判中，人们往往企图通过推行某些可以利用的方案（这些方案很少考虑或根本不考虑对方的需要）来获得**他们想要的结果**，从而结束谈判。他们会采取各种手段——操纵、使用意志力、死撑、令对方崩溃、威胁对方，甚至公然撒谎或歪曲事实。将自己的意愿强加给另一个人，这种说服方式专制而蛮横。标准代表谈判中一种更为公平的力量来源，即合理的力量，因为标准更**客观**，受谈判双方的主观控制和影响比较少。当你依据标准，告诉谈判对手一个公平的方案应该由哪些因素构成时，你的力量就来自于你选择了能说服彼此的标准，并将这种标准的公平性传达给了对方。

下表比较了以**主观**意志力作决策和依据客观标准作决策的两种方法：

意志力：主观表述	标准：客观表述
· 我们是你最大的客户，你需要跟我们合作。	· 一般来说，购买的商品超过 10000 件，你们公司就会提供 10% 或更多的折扣。
· 我一整天都等着你来拜访，我没必要围着你转。	· 去年，你是以每件 27 美元的价格将那些商品卖给我们的。
· 我可以跟其他许多供应商做生意。	· 你的竞争对手现在对每件商品的报价是 26 美元。

下面的案例是关于汽车买卖中使用的一些标准。先了解这些标准，再试着提出其他标准。

---

① Kelley Blue Book，美国二手车交易的权威价格参考书。——译者注。

案　例

乔登正与弗朗斯谈判，弗朗斯是一辆二手1997年款红色保时捷Boxster跑车的车主。乔登为谈判做了准备，找到了确定车价的不同标准。

车价标准	价值
报纸广告栏上类似保时捷车的报价	39000~49000 美元
《凯利蓝皮书》上的二手车零售价	46000 美元
《凯利蓝皮书》上的二手车收购价	38000 美元
新车的价格	62000 美元
网络广告上的报价	37000~45000 美元
当地代理商的报价	40000~51000 美元
影响价格的因素	
行驶里程数	12000 英里
配件：运动版，有专用自动变速器	4000 美元
保修期还有两年	1000 美元
车况	优良

其他标准

本章小结

- 标准是筛选方案的客观依据
- 标准可以避免谈判者的意志力或威胁对谈判产生的不良影响，是促成协议的一种途径
- 确定了标准，就更容易向不在谈判现场的人解释谈判结果
- 如果不能很快找到现成的标准，组合一些标准来创造新的标准也有帮助
- 可以用现有的标准创造一个新的标准

- 在谈判的准备阶段，关注能说服谈判对手的标准有助于达成协议

再次回到我们自己的谈判中。回顾上一章的方案，将可行的标准写下来。如果不能立刻获取信息，就先写下标准的类型和来源，比如市场数据、过往经验或法律规定，随后再详查数据。然后再看看哪些标准对谈判对手具有说服力。

谈判工作表4：标准清单

标准	是否具有说服力？

概念速解：标准

定义	标准是谈判者据以评估方案的先例、基准和规范。
重要性	标准有助于使谈判双方感觉自己受到了公平的对待，而没有被欺骗，也有助于谈判双方维持他们的决定。
准备活动	寻找标准，据此筛选方案，有助于推动谈判。
对话示例	问："决定增加一条新生产线之前，我们想了解一下西海岸最新的实验项目数据。" 答："我希望你们能依据客观的标准，给我公平的待遇，从而使我们双方作出决定。"
提示	要寻找标准，努力找到对双方都有说服力的标准。首先致力于了解对方的标准。如果对方的标准不适合当下的情形，要表示理解，然后跟对方一起看清状况。

练 习

一、不定项选择题
1. 标准是什么？
   A. 客观规范
   B. 一种数据，中立的第三方据以判断怎样的结果才公平
   C. 一种谈判要素，谈判者的大部分时间应该花在这一要素上
   D. 一种谈判要素，诸如市场价格、谈判双方的先例等

二、下面的问题探求的是利益、方案还是标准？
1. 从这儿去波士顿有哪些办法？
2. 在这种状况下，这家公司通常会做些什么？
3. 说到你的雇佣合同，公司其他部门是如何处理"竞业禁止"条款的？
4. 考虑到这个解决办法混合了两个极端，解决这个问题还有什么别的办法吗？

三、下面的陈述表达的是利益还是标准？
1. 对你公寓里传来的噪音或其他声音，我关心的是我能安静地入睡，半夜不被吵醒。
2. 让我们和房东一起了解一下噪音政策。
3. 在这件事情上，我只想跟其他租户一样受到公平的对待。

四、对错题
1. 谈判双方对于标准不会有争议。
2. 要使谈判对手相信某个方案对双方都公平，标准和规范是最有力的说服手段之一。
3. 标准总有现成的，很容易找到。
4. 谈判取得进展前，谈判双方必须知道并理解标准。

5. 只有在面对谈判对手时，谈判者才要考虑标准的事情。
6. 标准有助于你维持自己的决定，也有助于对方维持谈判结果。

答 案

一、不定项选择题

1. 标准是什么？
    A. 是。标准的基本定义中包含客观规范。
    B. 是。公平和中立的数据是标准中的一种。
    C. 否。在大多数谈判中，我们建议谈判双方在利益和方案上多花一些时间，这样有助于创造更多的价值。很多情况下，谈判者可能找不到现成的标准，或现成的标准无法推进谈判。如果相关的调查研究和（或）先例是结束谈判的关键要素，谈判双方就要发现、分享并选择合理的标准，以作出决定。
    D. 是。市场价格和先例就是标准。

二、下面的问题探求的是利益、方案还是标准？

1. 方案。这个人问的是去波士顿的不同方式或方案。
2. 标准。这个人问到了先例。当然，标准可以转变为问题的解决方案。
3. 标准。这个人问的是公司其他部门的雇佣合同标准。
4. 方案。这个人试图集思广益问题的可行解决办法。

三、下面的陈述表达的是利益还是标准？

1. 利益。"关心"、"需要"一类词表达的是利益。
2. 标准。这里有说到住宅的通用噪音政策。
3. 利益和标准。这个陈述比较复杂。这个人的利益在于遵守公平原则或标准。要满足这个利益，双方可以提出一些标准，比如具体的先例——其他租户受到了怎样的对待。

四、对错题

1. 错。有时,最适合的标准也存在争议,这种争议可以通过谈判来解决。
2. 对。标准和规范是有力的说服手段。
3. 错。标准不总是现成的,谈判者有时必须努力去找,有时必须创建公平的机制。
4. 错。虽然谈判者找到标准通常对谈判有帮助,但了解彼此的利益、制订方案才能最有效地推动谈判。
5. 错。谈判者应该花些时间去研究能说服自己、"内在听众"(配偶、老板、孩子等等),以及谈判对手的标准和规范。
6. 对。"听众"和其他评论者(包括谈判者自己)都更容易被标准说服。

第4章　替代方案：了解自己的最佳替代方案

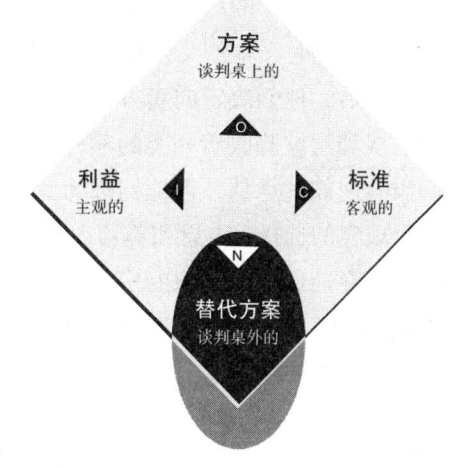

替代方案是在没有达成协议的情况下，谈判双方自行解决问题的可行方案。最佳替代方案是最符合谈判一方利益的替代方案。

挑　战

吉恩、莫莉和他们的两个孩子住在一套两居室的房子里。四个月后吉恩、莫莉将迎来第三个孩子，所以他们决定换一个大一点的房子。他们看了一处漂亮的四居室，那套房子位于一个有广受好评的学校制度的优质住宅区，看起来很理想。看房子的时候，吉恩对莫莉耳语道："就是它了！这就是我们梦想的房子。"全家人都很兴奋。虽然吉恩和莫莉担心他们的报价会太低，也担心抵押贷款和搬迁费用，但他们没再看别的房子，他们向卖方报了一个价，结果被拒绝了。他们又报了一次，卖家还是没有接受。之后，莫莉跟吉恩谈了谈。吉恩说："我觉得很受打击，我觉得我们必须得到这套房子。"莫莉回答说："我明白你的意思，我也觉得我们别无选择。"

解决方案

莫莉和吉恩往后退了一步。莫莉说："也许我们应该问问自己，得不到这个房子的话，我们该怎么办。那是我们不愿看到的最坏结果，但现在我们也许得好好考虑考虑了。"吉恩叹了口气,说:"你说得对。我也不想面对那样的结果,我们是得考虑一下了。"

他们讨论了继续住在目前的房子里的方案。虽然之前他们没有研究过扩建或改建这个房子,但现在他们决定去咨询一下建筑师和建筑承包商。吉恩和莫莉还意识到,没有继续看别的房子是错误的。他们在感情上被这个"梦寐以求"的房子给束缚住了。于是,他们花了一个周末继续看房子。令人惊喜的是,他们又发现了一处同样喜欢的房子,价格也大致相同。

随后,他们决定向卖方报价。这一次的报价更为具体,包括协议价格的底线和房屋验收费一类的额外费用。以前的报价没有包含这些,虽然他们没有向彼此承认,但他们都为此感到担心。现在,他们梦想的房子有了两个现实的选择,吉恩和莫莉在购房的谈判中也就自信多了。他们意识到,即便放弃前面那套理想的房子,仍然还有其他好房子可供选择。他们知道不论谈判结果如何,他们都可以接受。实际上,吉恩和莫莉已经意识到了他们潜在的替代方案。

总结:替代方案

用替代方案谈判
- 能明确自己愿意接受的谈判结果,即了解自己的最差可行协议或底线,从而有助于为谈判做好准备。
- 能给自己一个备用的计划。
- 有助于避免高估或低估谈判对手的谈判立场。

概要
谈判的任何一方都不应该接受比他们的最佳替代方案更差的方案。

替代方案是在无法达成协议的情况下,谈判双方各自采取的可行方案,并不需要谈判对手的认同。事实上,替代方案的定义就是谈判未达成协议时,谈判双方会采取的行动。通常,没有人会接受比自己的最佳替代方案更差的方案,"最佳替代方案"这一概念因《谈判力》一书而广为人知。

最佳替代方案是最能满足谈判一方利益的替代方案。下面就买卖二手车的案例，简单说明替代方案是如何起作用的。

买方与汽车代理商的预期	
买方的替代方案：	**汽车代理商的替代方案：**
· 如果买方无法与卖方达成协议，还可以通过什么方式满足自己每天顺利上班的利益？	· 如果卖方无法与买方达成协议，还可以通过什么方式满足自己获得佣金、实现销售目标的利益？
· 找其他代理商买车	· 把车卖给其他人
· 通过分类广告买车	· 将另一辆车卖给另一个人
· 去买公共汽车特价优惠票	· 请求经理调低销售目标
· 在当地车展上买车	
· 加入"拼车族"	
· 步行	

在非谈判语境中，"方案"与"替代"两个词经常可以换用。但在ICON谈判模式中，这两个词用在完全不同的地方。"方案"是谈判双方都能接受的、摆在谈判桌上的想法。在买车的案例中，方案包括定金金额、汽车颜色、以旧换新折让等因素。替代方案是谈判双方在未达成协议的情况下，在谈判桌外各自采取的行动，方案则是谈判双方都能接受的。如果谈判双方无法达成一致，就要各自采用各自的替代方案了。

如果海伦·霍普斯和金门球队不能达成双方都接受的协议，他们会怎么做？下面是他们的替代方案示例。

海伦的替代方案	**球队的替代方案**
· 与波特兰追踪激光队签约（海伦的最佳替代方案）	· 签一个顶尖的职业球员，比如莎奇拉·伊格尔斯克劳（球队的最佳替代方案）
· 去亚洲或欧洲的职业联赛打球	· 用储备的中锋斯维特兰娜·内特代替海伦
· 退役	· 与中国联赛上海喷射器队的顶级中锋马健签约
· 改行做教练或解说员	

显而易见，一些替代方案比另一些要好。海伦的最佳替代方案是与波特兰追踪激光队签约。因为这个球队离她在旧金山海湾地区的家更近，并给了她一个公平的报价，而且该队去年还打进了冠军赛。在海伦的几个替代方案中，这个方案最能满足她的利益。金门球队的最佳替代方案是与莎奇拉·伊格尔斯克劳签约，因为她正在成长为一名顶级的中锋，正符合球队的需要。

最佳替代方案的另一个现实例子是街市或集市上的买卖"仪式"。在这种场合，当谈判到达一个特定的点时，买主就会频繁地从卖主身边走开。当潜在买主转身要离开时，卖主的出价会发生什么样的变化呢？大多数时候，当卖主将买主叫回来再谈价格时，价格就会大幅下降。这时，买主就在拉动一条无形的线——最佳替代方案，这表明买主随时可以走开，因为他（她）自信能从其他卖主那里获得更好的交易。所以，在集市上不必过多地研究价格，因为有数量众多的商店和柜台，总有什么人能接受你的出价。

正如我们从吉恩和莫莉买房的案例中看到的，大多数谈判者都会犯一个经典的错误，就是没有提前想好自己的替代方案。要为谈判的任何结果做好充分的准备，就必须做好功课，确立自己的最佳替代方案。批判性地思考对方可能采用或实际采用的最佳替代方案，也绝对不会浪费时间，当然也要谨慎，不要高估或低估对方的替代方案。

下面是准备替代方案和最佳替代方案时要牢记的四个点：

1. 重新审视自己的利益。没有与谈判对手达成协议的话，还有什么方式可以满足自己的利益呢？看一看安德鲁与他的经理克里斯就加薪和升职问题展开的谈判。

安德鲁的利益：
- 攒钱读研究生
- 受到公平对待
- 回学校学习前提升自己的职业发展水平
- 今年休一次假
- 确保工资涨幅跟得上通货膨胀的步伐

- 通过工作获得学习和挑战自我的机会

安德鲁的替代方案：
- 换一份工作
- 转到公司的其他部门工作
- 转到公司在其他城市的办事处工作
- 向研究生院提出申请并获得贷款
- 辞掉工作去旅游
- 卖掉自己的车
- 减少其他花费
- 搬回家跟父母住
- 去咨询职业顾问
- 找一份兼职做

2. 选择最佳替代方案。 一旦想到一些替代方案，就要进一步思考哪个方案最能满足你的利益。如果安德鲁最优先的利益是职业发展和得到挑战，换一份工作可能就是他的最佳替代方案。

3. 改进最佳替代方案。 开始谈判前，要努力改进自己的替代方案。对安德鲁而言，如果换一份工作是他的最佳替代方案，那他就要查看招聘广告，打电话给圈子里的朋友，去面试，直至获得一个工作机会。与仅仅知道自己可能得另找一份工作相比，这么做将使他的最佳替代方案变得更现实。

4. 预估对方的替代方案。 除了想好自己的替代方案，至少还要预估一下对方的替代方案，这也很重要。预估对方的替代方案是为了了解他们对协议的要求。在许多情形下，你可能永远都不会知道对方真正的替代方案是什么。对方不会将这个信息透露给你，特别是在他们不相信自己的最佳替代方案很强大的情况下。但你至少要预估他们的替代方案，从而开始了解他们的看法。如果对方透露了自己的最佳替代方案，你就要有意识地准备应对这一方案，这么做也许能使对方看清这个方案并没有他们想象的那么好。

下面是更多替代方案的例子。

> 想象你是劳动合同谈判中管理层的代表,正准备与工会主席面谈。你要考虑工会主席的替代方案,这一方案可能包括如下内容:
> - 号召工会成员罢工
> - 号召工会成员怠工
> - 通过媒体、广告直接面对消费者或公众,对合同条款提出抗议
> - 辞去工会主席的职位
> - 将你踢出局,然后与其他管理层代表谈判

> 想象你是一家制药公司的代表,正准备与一家生物技术公司的CEO谈判。你的目标是与这家公司建立联盟,生产并销售一种创新的肝病治疗药物。你的公司拥有市场销售渠道和融资能力,生物技术公司则拥有新药的配方。在与对方的CEO会谈之前,你要预估他们的替代方案,这一方案可能包括如下内容:
> - 通过自己的努力将肝病新药推向市场
> - 寻找风险投资
> - 另找一家合作公司
> - 将新药的国外销售权卖给另一家公司
> - 将新药的全部销售权卖给另一家公司

本章小结

- 替代方案是在没有达成协议的情况下,谈判双方自行解决问题的可行方案。
- 最佳替代方案是最符合谈判一方利益的替代方案。
- 替代方案是谈判双方在谈判桌外各自采取的行动,方案则是谈判双方都接受的、谈判桌上的可行方案。

- 通过审视自己的利益，你可以改进自己的替代方案，并最终确定最佳替代方案。
- 要提升自己的能力，以达成更好的协议，就要想办法改进自己的最佳替代方案。
- 在谈判准备阶段预估对方的最佳替代方案，有助于在对方威胁要采用这一方案时有效地应对。

让我们再次回到自己的谈判中。在下表中分别列出你自己和你预估的对方的替代方案，在这之前回顾之前列出的利益表可能会有帮助。找出表中最符合你利益的替代方案，即最佳替代方案，再找出对方的最佳替代方案。

谈判工作表 5：替代方案选择清单

	替代方案	最佳替代方案
你的		
对方的		

概念速解：替代方案

定义	替代方案是在没有达成协议的情况下，谈判双方自行解决问题的可行方案。
重要性	替代方案有助于谈判者决定是否要达成协议。它们为谈判者提供了一个备选的方案，能增强谈判者在谈判桌上的信心和能力，还能避免谈判者高估或低估谈判对手的实力。
准备活动	参照自己的利益来制订替代方案。将最佳替代方案与可能达成的协议作比较。通过分析最佳替代方案来改进自己的最差可行协议。
对话示例	问："如果我们达不成协议，你会怎么做？"答："尽管这不是我希望的结果，但由于时间紧急，我会不得不选择我们的第二套方案。"
提示	准备替代方案。改进最佳替代方案。预估对方的最佳替代方案。用自己的最佳替代方案来保护自己的利益，并创建最可行协议。

第4章 替代方案：了解自己的最佳替代方案

练习

一、不定项选择题

1. 替代方案是什么？
   - A. 谈判底线，或谈判者在最坏的局面中愿意与对方达成的协议
   - B. 未与对方达成协议，并且什么都不做
   - C. 跟别的人谈判，让自己的需要得到满足
   - D. 谈判双方一致同意寻找第三方仲裁机构来解决争议

二、下面的陈述表达的是方案还是替代方案？

1. 我知道我们的第一目标是在两个公司之间达成协议，不行的话，我们愿意与你的部门协商一个协议。
2. 我们有另一家合作机构可以替代你们。
3. 我们都卡在这儿了。我知道你不希望我找你的经理谈，但我还是打算这么做。
4. 我们决定保持现状，这次不采用你们的服务了。
5. 好吧，这已经超出了我的底线，但我决定让步，接受你的报价。

答案

一、不定项选择题

1. 替代方案是什么？
   - A. 不是。即使是最坏的局面，只要与谈判对手达成了协议，那就是方案，而不是替代方案。
   - B. 是。什么都不做也是一种替代方案。
   - C. 是。如果谈判者在谈判桌上没有与对方达成协议，再去找别的人谈判，这就是一种替代方案。
   - D. 不是。即便仲裁机构作出的是具有约束力的裁决，谈判双方也会

就这一裁决达成协议,因此,这是一种方案。

二、下面的陈述是方案还是替代方案?

1. 方案。虽然这可能不是陈述者想要的方案,但谈判双方仍会就此达成一致,因此是方案。
2. 替代方案。陈述者的话表明双方无法达成协议。
3. 替代方案。不经对方同意,便找对方的经理沟通,就是一种替代方案。由于对方与对方的经理同属一个组织,这一做法感觉起来可能像方案。但如果换另一个组织合作,那就肯定是替代方案。
4. 替代方案。现在什么都不做就是替代方案,这不需要征求对方的同意。
5. 方案。即使谈判结果已经超出了陈述者的底线,但陈述者决定让步,接受对方的报价,双方就达成了协议,所以是方案。

第二部分

4D 程序

规划、发掘、改进、决策，成功谈判，步步为营

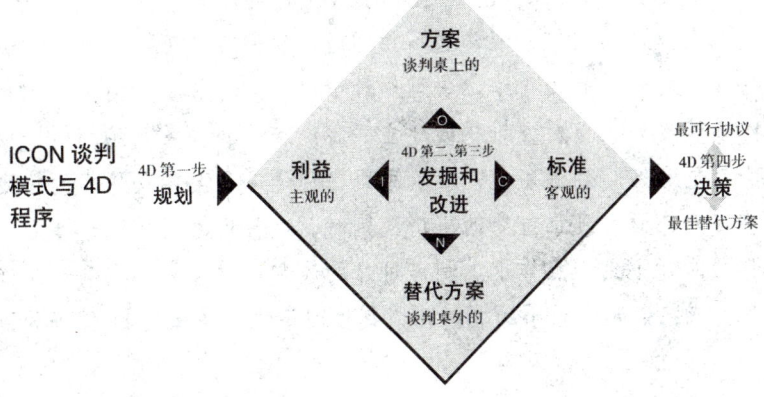

没有规划的谈判绝对会让人失望。你要为可能会影响你的职业、家庭或财产的事情去跟人谈判，如果你对如何推动双方的互动毫无概念，就更不用说有效地为谈判做准备了。

那些在谈判（及大多数类似活动）中取得成功的人，都会先设定一个目标。专注于ICON四要素——利益、标准、方案、替代方案，将其作为最初的目标，就有助于规划好谈判。但接下来呢？该如何开始谈判？了解ICON四要素对谈判有帮助，但对于赢得一场谈判而言还远远不够，谈判者仍然需要制定行动战略。

本书第二部分将为你提供一种战略。我将集中讲述在一场真实的谈判中，真正要做的是什么，这是谈判的实施方向，也是谈判进行的方式，即如何以协作的方式将ICON谈判模式运用于谈判中。这是第二部分内容中比较难的地方。知道要做什么，并不保证谈判者也知道该如何去做。虽然很多人可能会说，他们是在双赢的基础上谈判的，但知行合一并不那么容易。

就我个人经验而言，一些声称想获得双赢结果的人，实际上却希望比对方获得更多。无论在谈判前、谈判中或谈判后，如果谈判的任何一方感到自己受到了伤害，或者被辜负、被冒犯，要想在谈判中为谈判双方都创造价值，挑战性就会比较大。双赢谈判在谈判双方相互信任时比较容易实现，一旦这种信任被打破，双赢谈判的实现就比较难了。常被形容为"沟通失误"的那类谈判，其根源可能就在于信任的缺失。

在谈判双方之间的信任或沟通不稳固时，我们就有可能看到谈判者的思维在一瞬间转变成胜负思维。一旦这种情况发生，你要如何将谈判拉回正轨呢？在谈判桌上与对方维护或建立一种纯粹的合作关系的同时，该如何确保自己的利益得到满足呢？胜负思维往往是一种会起反作用的作战心态。在你为对你而言真正重要的事情谈判时，这种思维模式对于建立你需要的合作关系起不到一点作用。制订可靠的谈判战略计划，有助于使谈判保持正轨，或在谈判进展不顺利时将谈判拉回正轨。这就是4D程序要讲的内容。

4D方法

在接下来的几章里，你将领略谈判的4D战略方法。4D是一个清晰的战略，在你为更好的结果而谈判时，这一战略有助于建立双方的合作关系、增强沟通。这一部分的内容将教你如何实施4D战略，针对谈判各个阶段要采取的关键步骤提出建议。

在接下来的几章中，我将在以下方面给出我的最好建议：

1. 规划：如何从一开始就构建好一场谈判，以免陷入谈判陷阱，使谈判双方为成功谈判做好准备？

2. 发掘：如何运用ICON谈判模式去集思广益，并创造谈判的价值？

3. 改进：如何运用ICON谈判模式缩小谈判范围、将谈判向前推进？

4. 决策：如何就个别事项和整个谈判达成协议？

第5章　4D 规划阶段：构建并开启谈判

4D 程序的规划阶段是规划谈判的阶段，认真的规划有助于防止陷入谈判陷阱，避免谈判过程中出现问题，还有助于达成协议。

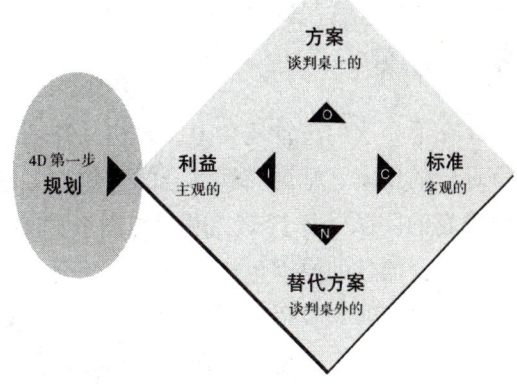

挑　战

1994年，琳达·麦克比特在她的一居室公寓里创办了Bugfree软件公司。在一年的时间内，Bugfree公司就有了5名雇员。两年时间内，琳达——公司的首席执行官，已经募集到了风险投资，公司也成功上市了。到1999年，Bugfree公司在美国范围内已有了两千多名员工，股票价格飞涨了5倍。现在，Bugfree公司每个季度都要召集全国各地的高管开8个小时的会，来商讨公司的关键战略问题。参会的是一群富有创业精神的年轻人，他们习惯于开放性的决策过程。会议议程通常要等会议开始才能确定下来，参会者通过的事项往往不到预定目标的三分之一，一些关键问题甚至从未被讨论过。会议也从未准时开始过，因为许多经理会迟到，这些迟到的人到了以后又会花费太多的时间去了解之前讨论的内容。一旦会议开始，就要花许多时间更新公司的发展信息。没有人做会议记录，也没有人规划会议的时间。许多高管离开会场时都感觉很失望，觉得没人理睬自己，还认为自己的方案没有人听，自己的问题也没有人关心。琳达也知道，这种会议正变得越来越混乱和低效。

虽然Bugfree公司的项目很成功，但琳达意识到他们最重要的竞争对手已经准备好要冲击市场了。一家有很好产品的竞争公司已经获得了一笔巨大的投资，另一家竞争公司则聘请到了一位极具声望的首席执行官。琳达知道，如果Bugfree公司不能团结起来采取行动，就会很快陷入困境。

解决方案

在下一次的高管例会上，琳达一开场就直言不讳地指出了公司处于竞争环境的现实。她说高管例会的运作方式已经无法产生效益了，参会者需要像真的团队一样行动。琳达与同事们一起分析了这个问题。他们发现，高管例会低效的原因包括没有既定的会议议程、无法推进事项的进展、计划讨论的事项太多而会议时间太短、会议未关注关键问题和关键决策等等。最终，他们意识到需要大幅度缩小会议的讨论范围，并将会议焦点放在战略性问题的商讨上。

他们将财务、法律和运营问题转到其他会议上讨论，这些会议将通过视频和音频技术进行。他们砍掉了会议的新闻通报环节，代之以建立内部的电子时事通讯，这种通讯能广泛传递各种正式和非正式的信息。他们还计划在每月战略例会召开前举办一次非正式的晚餐会，方便管理层之间开展必要的社交活动，建立合作关系。组织发展部门的主管承担了每个季度的高管例会的推进工作，一名行政助理则负责在每次例会和工作会议上做记录，会议后再向高管们分发会议纪要。会议开始前一周会征集参会者对会议议程的建议，会议议程则在会议开始前两天通过电子邮件发给所有参会者。

随着会议目标和会议议程的清晰化，参会者就能更积极地关注并处理重要事项了，必然地，他们也就更能集中关注公司面临的核心问题，并提出更富建设性的解决方案，从而更及时地作出关键性的决策。

> **总结：规划阶段**
>
> **专注于规划**
> - 有助于预估谈判陷阱和谈判中可能出现的问题
> - 可以减少谈判者对对方采用的刁难战术的畏难情绪
> - 促进谈判桌上下双方的互动交流
>
> **概要**
> 　　专注于规划谈判，就更有可能达成协议，更容易创造价值、结束谈判。

　　Bugfree的例子表明了"规划"——为谈判中富有成效的讨论做好准备——在会谈安排中的重要性。凡事没有做足准备，就不会有进展，谈判也是如此。此外，谈判者还要确保自己将精力集中在谈判大局（即最佳谈判结果）的有效规划上，这也很有必要。看看下面这个案例。

　　　　设想一下，一水之隔的两个大城市几十年来都在梦想架一座桥。最后，这件事情获得了联邦政府的同意，这两个城市还为此发行了债券，选择了一家最好的建筑公司，并与之签订了建桥的主合同[①]。但由于观念狭隘和政治上的原因，他们没有选择最好的设计师。设计研究时没有预测到基础设施必须适应未来发展的必要性，导致连接坡道混乱无序，收费亭的位置也极为碍事，还使空气质量和噪音变成了两岸居民的新问题。在影响评估和施工阶段，一些环保组织就要求停止或修改这个项目。虽然这两个城市有资金，也选择了一个很好的建筑公司，但建好的桥还是变成了一场灾难，不仅加速了两个城市的分化，也破坏了河两岸市镇的老传统。对于最后的结果，多数人的评价是浪费时间、失败、倒退、困惑和混乱。大桥完工不到5年，两个城市就又开始讨论要建一座新的桥取代它了。

---

① 根据合同相互间的主从关系，可以将合同分为主合同与从合同。所谓主合同，是指不需要其他合同的存在即可独立存在的合同。——编者注

这个案例中被忽略的要素是什么？是有效的设计。建造一座建筑物前，必须认真地**设计规划**。谈判的规划阶段往往会被谈判者低估或彻底忽略。典型的情况是，人们会以某种程度的社交礼仪开启谈判，然后一方就直接跳到出价阶段，如果另一方还清醒，就可能会感到自己有必要还价，也可能会虚张声势或止步不前。不幸的是，这种谈判方式往往会引导谈判者使用花招，顽固不化，从而降低协议达成的可能性。

> **4D 关键点**
> 为谈判做好准备，谈判结果就会大不相同。

在谈判规划阶段，你做什么、不做什么对谈判结果都会产生极大的影响。成功完成这一阶段的任务，就能建立一种合作式的谈判方法，有助于谈判者避开谈判陷阱、圈套和障碍，或在它们出现时先发制人，战胜它们。由于谈判是人际关系和信息沟通构成的复杂构造，所以高效的谈判者会慎重地规划双方的互动。

> **4D 关键点**
> 除非创造了谈判的价值，否则任何出价都是过高的。

在人们想直接跳到出价阶段的情形下，记住下面这条建议可能会有用："除非创造了谈判的价值，否则任何出价都是过高的。"人们可能会在谈判刚开始时就准备讨价还价，但你要明白，要专注于谈判的价值，一开始就必须讨论利益。

除了使谈判者在谈判中更积极，增加谈判的价值，有效构建并执行谈判的规划阶段，还能使谈判者更容易实现谈判的核心任务——创造价值、结束谈判。我将在讨论发掘和改进阶段、决策阶段时提到这些任务。

> **灵活战术**
>
> **讨价还价**
>
> 　　一方在谈判伊始就开出一个极端的、不合理的报价，在努力从你身上获得更多让步的同时，又谨慎地容忍你的还价，这时就会出现讨价还价战术。有时，谈判者会将讨价还价与其他战术结合起来用，比如"要就要，不要就拉倒"战术。要应对讨价还价战术，就要跟对方一起讨论该如何谈判（预防措施）。要尽早并经常询问对方的利益所在，也要记得让对方了解你的利益。评估方案前要集思广益出足够多的方案，再准备好自己的最佳替代方案。

规划：为成功而"发球"

　　想一想高尔夫运动。挥杆前，许多球手都会把球放在球座上，然后在身体和心理上都做好准备，还会小心地将双脚放在球的特定距离之外，弯曲膝盖，做特定次数的挥杆练习。推杆时，球手会在球洞四周走动，仔细观察球可能会经过的坡度和路线。这些初始投资都铺就了成功之路。

　　从至少一个重要意义上说，谈判比高尔夫球更具挑战性：在谈判中，你必须与其他人直接过招。谈判双方必须共同开出谈判之旅的第一个球，并且，最初的几步将引你走上正确的或者错误的方向。

　　规划阶段有三个主要步骤：

1. 设定目标
2. 制订议程
3. 传递核心信息

这些步骤将在下面进行讨论。

第一步：设定目标

　　规划阶段最重要的任务是确认一场特定谈判的目标或目的。我们认为，谈判的目标有两类——实质目标和关系目标。

实质目标

实质目标是谈判的原因。漫长谈判过程中的一次会谈，其实质目标可能是谈判双方了解彼此的利益、集思广益方案、提出临时协议，甚至签署最终协议。

在这样的一次会谈中，谈判双方要共同确认会谈的目标。弄清楚这一目标，有助于使谈判双方步伐一致，向共同的目标努力。如果你要努力达成临时协议，就要记得将协议写下来，以免之后产生误会。写下来的东西就是目标的"内容"，而这张纸会告诉你，你的目标已经实现了。我们只要朝这张纸和这张纸代表的东西努力就可以了。

让我们回到海伦·霍普斯的谈判中。海伦的经纪人莫妮卡·李和金门球队的总经理克里·韦斯特正坐在谈判桌边开始谈判。克里问莫妮卡，她在第一次会谈中想要达成什么目标。莫妮卡说她希望双方能了解彼此的利益。

第二次会谈时，克里和莫妮卡都认为，在海伦的职责和签约条件上，他们需要一个初步的提案。第三次会谈时，双方都想就海伦的薪酬和特权问题提出提案。双方迅速进入到最后一次会谈，克里和莫妮卡的共同目标是签署一份协议。

会谈	实质目标
第一次	了解彼此的利益
第二次	就海伦的职责与签约条件，共同提出提案
第三次	就海伦的薪酬与特权问题，共同提出提案
最后一次	签署协议

关系目标

在谈判中，谈判双方会如何互动？谈判结束时，谈判双方又会如何理解对方？谈判者希望与对方建立怎样的关系，对此要有一个清晰的目标。不论实质目标能否实现，这么做都能为谈判双方提供一个专注的目标。专注于与对方建立你想要的关系，而不是任其发展，就更有可能通过协商达成一个实质目标，并使随后的谈判更加顺利。

《谈判力》一书已使"谈判者要和善对人、强硬对事"的理念广为人知了。

虽然这表示谈判者应该与谈判对手处好关系，但并不意味着要让步，即便在关系问题上也不能让步。这也不意味着谈判者要避免提出沟通方式或相处方式一类的问题。实际上，要与对方建立你想要的关系，你需要非常自信。如果你想建立一种合作关系，并且这么做也不是为了作秀给对方看，那你就要为实现这一目标而加倍努力。

当然，关系是双向的。那些擅长于建立关系的人拥有的秘籍就是坚持在彼此之间构建和谐与信任。

如果谈判的目的是建立长期合作的关系或战略联盟，那么在关系问题上一个重要的目标就可能是保持平等、彼此尊重的互动。你可能会发现，在这一阶段，开放、坦率——让对方清楚你对谈判的设想、期望和谈判中的约束条件——对于谈判的推进是有帮助的。随后的会谈一开始，你就可以重新审视你之前设定的关系目标，以使谈判保持正轨，并总结此前的会谈，了解哪些事项已经完成，哪些还需要继续努力。

在海伦·霍普斯的谈判中，由于克里近期才担任金门球队的总经理，莫妮卡之前从未与他打过交道。但在可预见的未来，莫妮卡必定要与克里打交道。所以，对于第一次会谈，他们有一个共同的关系目标，就是建立平等、相互尊重的合作关系。

第一次会谈收效甚微。莫妮卡对球队财务状况的评论是一种误解，这让克里很不满。双方就第二次会谈的关系目标达成了一致的意见，认为双方应该更清晰地沟通。

> **4D 关键点**
> 对自己的实质目标和关系目标都要有决断力。

在第二次会谈中，克里重申了要更清晰地沟通的目标，并坦率地向莫妮卡说明了球队的财务状况。他解释说，他感觉莫妮卡之前是在指控球队克扣球员的钱。第二次会谈进展得很顺利。

对于第三次会谈，双方的实质目标是讨论海伦的薪酬和特权问题。会谈开始前，莫妮卡将相互信任设定为她的关系目标，她牢记在不损害自己客户利益的前提下，要尽可能地直截了当。

会谈	关系目标
第一次	平等、相互尊重
第二次	清晰地沟通
第三次	相互信任

应对多事项谈判

我们强烈建议大家采取的一个谈判原则，是先就如何达成最终协议达成一个共识，尤其是在复杂的多事项谈判中。在多事项谈判中，使用"临时协议"的方法非常有用。"TACOW"（Tentative Agreements Contingent on the Whole），即"基于整体协议的临时协议"，指的是针对谈判中的特定事项达成的临时协议。这一协议是否最终成立，取决于整体协议的内容，取决于在谈判的最后谈判双方考虑整场谈判时这一协议是否还有意义。临时协议将在第七章的4D决策阶段详细讨论。

第二步：制订议程

认真制订谈判议程，能将ICON谈判模式的优点发挥到极致，有助于谈判者逐一关注利益、方案和标准涉及的事项。这些事项都是你必须了解的，这样你才能在谈判的最后作出明智的决策。

灵活战术

重启谈判

在你逐一按事项谈判时，对方却要重启对已解决事项的谈判，这时他们采用的就是这种战术。重启对已解决事项的谈判有正当的理由，但有时这是对方采取的刁难战术。这种情况下，你就要采用临时协议的办法，提前与对方决定：若有人想重启谈判，就必须找出有说服力的理由。要花些时间了解已解决的事项为什么还要重启谈判，了解对方的利益，也让对方了解你的利益和你在谈判中的约束条件。如果双方同意在情况改变时可以重启谈判，提出要求的一方就必须提供"情况改变"的证明。

在第一次会谈开始前，谈判者要尽早与对方一起准备谈判议程。面对复杂的多事项谈判，谈判者还要考虑事项的谈判顺序。从大问题（比如为自己代表的联盟确定谈判目标）开始，能为小问题的解决提供框架或思想体系，这往往会使随后细节性问题或难题的解决更容易。从大问题开始，还有助于创造和谐气氛，为谈判的推进提供动力，并给双方的对话起个头。先解决比较简单的问题也有助于建立信任关系，但这并不意味着要将最难的问题留到最后。这么做的危险是，如果议程表上的最后一个问题是关键问题，一旦双方在这个问题上没有达成一致，他们就将无功而返。如果谈判双方都提早了解这一点，对双方而言都比较好。因此，谈判要从比较简单的问题开始，再以相当的速度向关键问题推进。

灵活战术

摘樱桃

你逐一按事项谈判，对方却不顾及整体协议，在每一个事项上都努力占尽便宜，他们采用的就是这种战术。在谈判的规划阶段，你要清楚你要达成的是"基于整体协议的临时协议"，这样就有助于避免这种战术。一旦发现对方有采用这种战术的苗头，你就要指出来，这样才能使谈判保持正轨。要提前为这一点，以及自己对谈判的其他期望做好准备。向对方说明你在关键事项之间看到的联系，并讨论这些联系与利益、标准的关系。在谈判过程中，还要从整体上评估达成的协议。

制订议程时，寻求外部援助有时会有帮助，尤其是在会影响谈判桌外其他人的谈判，比如劳资谈判或外交谈判中。在这种情况下，向别人请教该如何征求他人的意见或让他们参与谈判都是值得的。或许一些人有专长，能提供有用的数据。要思考谈判的目标，决定是否需要其他人参与谈判，以及参与的程度。这有助于团结利益相关者、赢得支持，并降低他们阻碍谈判的可能性。

让我们回到海伦·霍普斯的谈判中，看一下第二次会谈的议程表是怎样的。这次会谈的实质目标是明确海伦对球队的职责（她可能要担任球队队长或球队教练),以及海伦的签约条件(比如签约年限、交易否决权等等)。这次会谈的关系目标是谈判双方清晰地沟通。下面是议程安排:

海伦·霍普斯谈判的会谈议程

1. 总结或反思上一次的会谈
2. 讨论海伦的职责
3. 讨论海伦的签约条件
4. 采取下一步措施
5. 讨论下一次会谈的议程

对于第一项议程,莫妮卡计划通过清晰的沟通,尤其要与克里一起回顾之前对球队财务状况的讨论。对于第二、第三项议程,莫妮卡和克里将讨论有关的利益、方案和恰当的标准,他们都试图就这两项议程达成临时协议。

设立基本原则、分配角色

如果不首先在正确规划谈判上下工夫,谈判就会变得混乱无序,并因此增加谈判者对刁难战术的畏难情绪。谈判者会采用的一种刁难战术是努力让对方尽早赞同他们想要的谈判结果。这种类型的谈判者很少或基本不给对方留下探究自己利益或考虑跳出这一谈判结果的空间。跟这样的人谈判,你说的任何话都会被当成出价,而不仅仅是可以考虑的方案。你会发现,要避免被对方束缚、采用你建议的任何方案都很难。但只要谈判者提前设立谈判的基本原则,确定要用一定量的时间来集思广益方案而不作出预估或承诺,就能避免遇到这种"攫取式"的战术。

曾处于敌对状态的劳资双方,往往会为了改变态势设立沟通的基本原则,比如规定一个时间段内只允许一个人发言。从根本上说,基本原则本身并不重要,但作为增进沟通的一种方式却很重要。

另一种增进沟通的方式是分配角色,特别是在有很多人参与谈判的情况中。安排不同的人做会议记录、规划时间、推进会谈的开展,有助于提高效率。如果谈判涉及许多事项,而不同的谈判参与者对这些事项有专业的了解或有所专长，那么在谈判规划阶段分配角色就很有用。参与者更多的谈判会专门分配一个人担任观察员，这个人可以更冷静客观地观察谈判的进展，然后向谈判双方提供自己的洞见。谈判者在开始谈判时与对方共同分担或分配这些角色，能创造协作性更强的谈判氛围。

"关注人"的谈判技巧

关注人：把谈判放到一边

在整场谈判中，都要记住将"人"和"事"分开，要用提问来平衡陈述。既然规划阶段是你与对方互动的开始，那就立刻将你希望在整场谈判中看到的行为模式确定下来吧，这很重要。思考下面的案例。

客户经理安迪面临一个客户的巨大挑战。这个客户常常爽约——不是提前几天取消约见，而是在安迪驱车两小时到达见面地点后才取消。但即便在难得没有取消的一次会面中，安迪也没能获得任何成效，安迪的所有想法都被这个客户以"这个不着急"为由否决了。安迪在这个客户身上花了六个月的时间和努力，换来的只有挫败感和对方的偏执。

但安迪不能丢掉这个客户，这个客户对他的公司来说太重要了，但他必须想办法理解这个客户的行为。在他们的下一次会谈中，安迪请求客户关注他们之间的关系，并帮他更好地了解他们彼此的需求。一开始，安迪说他感觉自己的这个请求是在浪费客户的时间。客户也这么觉得，他不认为他们的关系还能得到改善，因为他认为安迪公司处理问题的优先次序"不对路"。安迪对客户的这一看法很困惑，但他既然已经了解了客户关注的具体问题，就有机会去探究了。事实证明，客户的看法来源于第三方的信息，根本就不准确。但这个客户受到过安迪公司前任客户经理的粗鲁对待，他们公司频繁换人也让他感到混乱。经由这次坦诚的对话，安迪从工作困境中解脱了出来，他的客户也很高兴。

安迪并没有努力向客户推销或谈及公司的产品，但这次对话很关键。终于有一天，安迪结束了客户经理们对这个客户三年无所作为的历史。客户也很高兴，他评价说："你们公司从未有人像你一样花时间来了解我所关心的问题。"从那之后，安迪与这个客户建立起了富有成效的、积极的合作关系，安迪为公司拉到了生意，也满足了客户的需求。

谈判中要意识到情绪墙的存在。如果对方正处于激烈的情绪之中，你说什么他们都听不进去。你需要停止关注谈判的实质目标，转而处理"人"的问题。谈判中不仅有"事"，还有"人"坐在谈判桌边。谈判者可能会不安、生气、沮丧，在这种时候，与之讨论谈判的实质问题就像对着墙说话。取而代之的策略应该是积极倾听对方的观点，并站在对方的立场去思考问题。

4D 关键点
情绪激动时要停止关注问题，转而关注人。

4D 关键点
参与谈判的人比较多时，给每个参与者分配一个特定的角色。

第三步：传递核心信息

开始谈判前，想一想自己要传递的主要信息是什么。看看自己的实质目标和关系目标，从中提炼出核心信息，再通过语言或肢体语言传递给对方。核心信息可能是"作为合作伙伴，我们能为你们公司带来许多利益"，也可能是"在很长一段时间内，我将与你很好地合作"。从政人士或接受媒体采访的人会被告知说话要"说到点儿上"，因为他们都有一个想努力达成的目标。这一点要是做不好，就会显得虚假造作；如果能做得自然诚实，就会很有领导力和说服力，并起到鼓舞人心的作用。

一个好的核心信息将有助于谈判者在谈判中保持正轨。除了传递信息，还要记得专注于影响对方。谈判结束时，一个很好地传递给对方的核心信息应该会成为你留给对方的主要印象。

准备好开场白

人们常说，第一印象也是最后的印象。准备好开场白，能使谈判在正确的方向上开展，并直击核心信息。如果要传递的核心信息是"创造共同价值"，那开场白就可以这样说："我们很高兴能与贵方一起讨论合作的事情。我真诚地相信，我们有机会达成一个能很好地服务于我们双方的协议。今天，我们准备倾听贵方的目标和愿景，我们认为这么做有助于达成最有价值的协议。"

为谈判做准备时，建议你将开场白写下来，再大声地说出来。听起来感觉怎么样？你的团队成员对此有什么看法？尽管谈判开始时，你的开场白可能不一样，但恰当的开场白可以让你从一开始就积极努力地"做大蛋糕"。指向核心信息的开场白，则有助于实现实质目标和关系目标。总之，你的开场白给对方营造的第一印象要有助于你达成你想要的目标。

在海伦·霍普斯的谈判中，谈判双方都专注于他们想传递的核心信息。克里希望消除第一次会谈给莫妮卡留下的不良印象，让莫妮卡知道"金门球队会尽力与海伦·霍普斯达成一个双赢的协议"。克里希望能传递这一信息，是因为金门球队希望海伦作为球队的一员，与其他队员一起为球队争夺冠军。

莫妮卡希望传递的核心信息是"金门球队是海伦的第一选择，海伦的要求并不高，只要金门球队的报价等同于其他球队的报价就可以了"。莫妮卡想让金门球队知道，海伦倾向于留在球队，虽然她也在与其他的球队接触。金门球队不应该为此而觉得受到了冒犯。

结 论

在规划阶段,要考虑到谈判的复杂性,以及恰当处理这一复杂性需要花费的时间。如果你正开启一场复杂的谈判,第一次会谈上你能做的所有事情也许是与谈判对手一起了解彼此的利益,并区分利益的主次轻重。如果是简单的谈判,可能一次会谈就能走完整个4D程序。要确定谈判的目标和议程,必要的第一步就是弄清楚自己的期望。谈判规划得好,就能为其他阶段的成功奠定基础。

本章小结与规划清单

用下面的问题为规划阶段做计划。

1. 设定目标
   A. 对于推进谈判进程的本次会谈,你的实质目标是什么?
   B. 你的关系目标是什么?
2. 制订议程
   A. 在谈判目标已知并已形成文件的情况下,哪些事项应当纳入谈判议程?注意运用 ICON 谈判模式。
   B. 你需要设立基本原则吗?设立哪些?
   C. 哪些人应该参加会谈?给谈判参与者分配会谈推进者、时间规划人员和会议记录员一类的角色,会有帮助吗?
3. 传递核心信息
   A. 通过语言和行动,你想努力传递什么核心信息?

接下来重新探讨海伦·霍普斯的谈判,下面是海伦的经纪人莫妮卡的规划清单。

海伦经纪人的规划清单

1. 设定目标

　　A. 实质目标：双方就海伦的职责和签约条件提出共同方案

　　B. 关系目标：平等、相互尊重

2. 制订议程

　　A. 议程：

　　　　1. 总结或反思上一次的会谈
　　　　2. 讨论海伦的职责（利益、方案）
　　　　3. 讨论海伦的签约条件（利益、方案）
　　　　4. 采取下一步措施
　　　　5. 讨论下一次会谈的议程

　　B. 基本原则：评估方案前先集思广益

　　C. 分配角色：由莫妮卡和克里主导会谈，球队教练将就海伦可能要承担的不同职责提供专家经验

3. 传递核心信息

　　A. 克里的核心信息：金门球队会尽力与海伦·霍普斯达成一个双赢的协议

　　B. 莫妮卡的核心信息：金门球队是海伦的第一选择，海伦的要求并不高，只要金门球队的报价等同于其他球队的报价就可以了

　　现在回到自己的谈判中，在下面的工作表中写下你对规划阶段的问题的答案。

谈判工作表6：规划清单

规划清单

1. 设定目标

    A. 实质目标：

    B. 关系目标：

2. 制订议程

    A. 议程：

    B. 基本原则：

    C. 分配角色：

3. 传递核心信息

    A：核心信息：

概念速解：规划阶段

定义	在谈判的规划阶段，谈判者将创建并开启谈判。
重要性	恰当的规划将为"双赢"谈判奠定基础，使谈判双方更容易探讨利益、方案和标准，并"做大蛋糕"，还有助于避免谈判双方产生胜负思维。
准备活动	准备好自己的实质目标和关系目标。围绕这些目标制订可行的谈判议程。弄清楚自己要传递的核心信息是什么。
对话示例	问："我们一起讨论一下今天希望得到的结果吧。这次会谈的目标是什么？" 答："我个人认为今天必须决定这个事项，因为最后期限快到了。"
提示	与谈判对手确认彼此的实质目标和关系目标，围绕这些目标一起制订谈判议程。记住自己要传递的核心信息。

练 习

一、不定项选择题

1. 恰当的规划能为谈判带来什么好处？
   A. 避免讨价还价
   B. 避免谈判对手不停地提问
   C. 通过抢先发言占得先机
   D. 改善谈判双方的关系

2. 有效的谈判规划包括哪些基本要素？
   A. 制订谈判议程
   B. 分享方案
   C. 设定目标
   D. 让对方先出价
   E. 传递核心信息

3. 哪些是关系目标？
   A. 增强信任
   B. 达成一份协议
   C. 平等友好的关系
   D. 就每一个事项达成临时协议
   E. 相互尊重

二、对错题

1. 要围绕关系目标提炼核心信息。
2. 在谈判中给参与者分配特定的角色没什么用。
3. 谈判者情绪激动时，处理双方的关系可能会有用。
4. 从比较简单的问题开始谈判，可能会妨碍谈判双方建立信任关系，并打消谈判的动力。
5. 专注于谈判的规划阶段能减轻谈判者对刁难战术的畏难情绪。

答 案

一、不定项选择题

1. 恰当的规划能为谈判带来什么好处？

   A. 是。谈判双方共同探讨谈判进程，主要目的就是为了避免双方陷入讨价还价当中。

   B. 否。虽然有效的谈判规划有助于避免刁难战术，但并不回避互相提问。有效的谈判规划鼓励谈判双方在整个谈判过程中互相提问。双方协作性越强，就越有可能提出有效的问题，比如"制订这一谈判议程能满足你们的需求吗？"或者"在那个问题上我们是否要找个专家？"

   C. 否。这个办法不可行，恰当的谈判规划不是为了占便宜。

   D. 是。建立积极的合作关系是有效的谈判规划的重要特征。

2. 有效的谈判规划包括哪些基本要素？

   A. 是。制订谈判议程对于组织谈判双方的互动而言很重要。

   B. 否。虽然分享能满足双方利益的方案肯定有益，但确实不是谈判的最好起点。

   C. 是。谈判双方应当预先设定实质目标和关系目标。

   D. 否。让对方先出价可能会导致讨价还价。在后面的某个阶段，由对方先提出方案可能还好，但一开始就这么做弊大于利。

   E. 是。传递核心信息有助于保持谈判双方的专注。

3. 哪些是关系目标？

   A. 是。增强信任是谈判双方的关系目标之一。

   B. 否。达成协议是谈判的实质目标之一。

   C. 是。平等友好是对谈判双方关系的一种描述。

   D. 否。就每一个事项达成临时协议是一种谈判方法，不是关系目标。但达成临时协议有助于改善谈判双方的关系，因为这表明谈判双方对于如何达成最终协议产生了共识。

E. 是。无论谈判双方是否能达成最终协议，相互尊重都是一个重要的关系目标。

二、对错题

1. 对。关系目标总是与核心信息紧密相连，但提炼核心信息也要围绕实质目标。
2. 错。在谈判中给参与者分配特定的角色是有用的。分配一些人担任会谈推进者、时间规划人员和会议记录员等角色，有助于提高谈判的效率和质量。
3. 对。谈判者情绪激动时，处理双方的关系，将实质目标放到一边非常有帮助。因为有情绪的一方会搭起一堵情绪墙，使自己听不进任何关于谈判主题的意见。
4. 错。从比较简单的问题开始谈判，达成比较小的协议，有助于双方建立信任关系，为谈判创造动力，从而为谈判创造乐观、协作的氛围。
5. 对。专注于谈判的规划阶段能减轻谈判者对刁难战术的畏难情绪，因为规划阶段能使谈判者明确目标，并通过自己的努力，以主动、合作的方式实现目标。

第6章　4D 发掘和改进阶段：了解利益、集思广益讨论方案、依据标准筛选方案

4D 程序的发掘和改进阶段是发掘谈判价值，并改善方案，即筛选、评估方案的阶段。

挑　战

在美国加利福尼亚州，饮用水很稀缺，经常供应不足。旧金山市及周边地区的居民主要从远处山区一个建在主要河流上的水库来获取饮用水。附近一些农业地区也从这条河抽水，其中包括几个大的农业用水区。这么多地区从河中抽水，导致河水流量减少，鱼类的栖息环境开始恶化。在环保组织的强烈要求下，联邦政府命令所有取水地区减少抽水量。

旧金山市不同意减少他们的抽水量，他们的理由是，旧金山市没有其他可用水源，这么做将伤害地区主体经济。虽然减少抽水量对农业地区不会产生重大的影响，但他们也不大愿意这么做，因为多余的水可以作为旱季的储备用水。另外，农业地区认为他们同意减少抽水量的话，会开一个很不好的先例，从而损害他们的用水权。农业地区和旧金山市都准备走上法庭，去抗议减少抽水量的要求。

解决方案

通过发掘双方的潜在利益，采取"做大蛋糕"的方案，一个开创性的

交易达成了。旧金山市的确没有可用的替代水源，但它有财政实力；农业地区则需要额外的资金来支持发展，但他们可以减少抽水量。解决方案就是：旧金山市与农业地区签订一个长期合约，农业地区承担政府要求旧金山市减少的抽水量，旧金山市则支付给农业地区相应的经济补偿。合约还包括一个条款，即在旱季来临时，农业地区可以不遵守合约，恢复他们原有的抽水量。

这一创新性的合约使旧金山市得以继续保持他们的抽水量，保护了他们的经济，也避免花费高昂的代价去购买替代水源。农业地区通过出售富余用水获得了他们需要的资金，干旱时期的用水也得到了保障。由于减少了总体抽水量，鱼类的栖息环境得到了改善，环保组织和联邦政府也很满意。

（资料来源：Tim Dayonot）

谈判的发掘和改进阶段能推动ICON价值钻石的运转。在这两个阶段，了解谈判双方的利益是第一步，接着要制订方案，然后依据标准筛选方案。发掘和改进阶段对于创造谈判价值而言很关键。谈判者往往会直接跳到决策阶段，开始讨价还价、妥协、让步、以货易货，在"做大蛋糕"之前就开始"瓜分蛋糕"了。如果对谈判作了有效的规划，谈判双方就可以一起抽出时间来集中了解彼此的利益，而非先发制人，迫不及待就跳到最后的决策阶段。

总结：发掘和改进阶段

专注于发掘和改进
- 了解ICON谈判要素
- 发掘阶段对创造谈判价值而言很关键
- 改进阶段对筛选、评估方案而言很关键

概要

发掘和改进阶段是运用ICON谈判模式"做大蛋糕"的主要谈判阶段。

我将谈判的第二、第三阶段称为"发掘"和"改进"阶段，是希望谈判者能关注经过集思广益后增加的谈判价值（发掘），关注经过评估后筛选出来的方案（改进）。"发掘"代表一种需要，这种需要是了解利益、站在对方的立场上去了解他们明显想要的方案，并集思广益制订出创造性的方案。"改进"则代表分清利益的主次轻重、依据标准筛选可行方案的需要。

实际上，谈判的发掘和改进是一个硬币的两面，看似相互分离，实际上却密切联系在一起。谈判往往是一个事项接着一个事项向前推进，而非一项任务接着一项任务。也就是说，谈判双方往往会发掘、改进一个事项，再进入下一个事项。没有必要关注所有的利益，再关注所有的方案，然后关注所有的标准，现实谈判中的来回往复没有这么严格。事实上，谈判双方往往根本不记得要去切实地发掘——去了解利益、集思广益讨论方案、明白地讨论标准。如果谈判双方只关注提出、反驳、评估方案，谈判就会受限，谈判空间就会变窄。发掘和改进都很重要，我们强调要明确区分两者，是为了使谈判者记得完成这两个步骤。

> **4D 关键点**
> 谈判是互动的行为，不可能事事都按严格的顺序进行。

发掘和改进阶段的大部分时间应当花在"ICO 三角区"——ICON 价值钻石的上半部。你可以停留在这个三角区内，通过连接利益、方案和标准，形成一个解决方案。

然而，在过去的许多年里，我见过一些卓有成效的谈判者自觉地选择了合作，将 ICON 钻石模式的下半部——替代方案或最佳替代方案也摆上谈判桌，以推进问题的解决。将替代方案拿到谈判桌上，能为谈判者提供驱动谈判的主要利益的即时信息，这些替代方案也能有效地被用作谈判的标准。在谈判中将替代方案亮出来还有助于加速谈判进程，或将谈判推向双方都觉得协议公平的那个点，或使谈判双方得出不应该达成任何协议的结论。

> **4D 关键点**
> 讨论彼此的替代方案是双赢谈判的一种关键手段。

在作出将最佳替代方案摆上谈判桌的选择前，谈判者要小心灵敏。告诉对方你正考虑与其他人合作，会让对方在情绪上受到很大的影响。在许多情况下，我们建议不要将最佳替代方案摆到桌面上，这么做也许会将对方推向他们的最佳替代方案，这样，谈判对方就都会觉得自己是被迫直接跳到决策阶段的。如果你觉得有必要威胁对方而不是与之谈判，对方可能只会感到被冒犯。

那么，该如何在谈判的实际运作中切实地发掘和改进呢？本章接下来的部分将围绕这一问题展开讨论。由于谈判无法照本宣科，将ICON模式作为谈判导引图，可以让谈判者在四个谈判要素之间来回往复。同时，在谈判中提出一个清晰的方向也很重要。因此，我建议按以下顺序来做发掘和改进工作：

1. 了解利益
2. 集思广益讨论方案
3. 依据标准筛选方案

在进行每一个步骤时，为了以防万一，都要准备好应对对方的替代方案。

实施发掘阶段

第一步：了解利益

通过提问的方式发掘对方的利益

我之前提过，大部分谈判者都没有花费足够的时间去提问，或者没有问对问题。出于各种各样的原因，我们经常错误地认为优秀的谈判者知道所有问题的答案，并且大胆的言语进攻比提问更有力。

提问可以显示一个人的好奇心、利益和关注点，因此能减少对方的误解或错误假设。此外，切实创造谈判价值的唯一途径，也即"做大蛋糕"的唯一办法，就是探查、发掘对方的利益。在过时的敌我谈判思维中，谈判者要无所不知、毫不示弱，并且根本不提问。老式谈判者会重复犯的一个主要错误，就是做太多的争辩和评论，而很少提问。即便问了，问题也往往显得夸张或导向性太明显。这类谈判者不可能是好的倾听者，而善于倾听是合作共赢、成功谈判、"做大蛋糕"的关键技能。

如果了解的信息不多，怎样才能集中提正确的问题呢？可以从一般的开放式问题开始，比如对方的需求、关注点和期望；接着问一些更为具体的问题，以表明你在听对方说，并正在将对话向前推进；然后再明确有力地提出你的反问或者积极倾听后产生的疑问，以确认自己真的理解了对方的话。下面的表格将列出一些焦点问题的例子。

4D 焦点问题示例

一般问题：
- 这件事情的哪个方面对你而言很重要？
- 对此，你有什么长远的计划？

具体问题：
- 在那个问题上，你最关注的是什么？
- 方便多透露一些你们经理对保密性的要求吗？

反问：
- 就我所听到的，你们的利益在于受到公平的对待，并在经济损失上得到赔偿。我是否可以据此推断，至今为止你们都感觉自己受到了不公平的对待？
- 照你刚才对最后期限的要求，你是否认为我们双方都希望尽快完成此事？

另一个办法是采取更为直接的价值问题策略（当然，这个"价值"不是道德和原则上的"价值"）。从根本上说，谈判是关于尽量增加双方的满意度和幸福指数的事情。针对双方摆在桌面上的价值，提一些能明确这些价值的问题，就更有可能达成一个更好的协议（有时甚至可以达成任何协议）。

可以从挑战性的问题开始，集中了解对方在谈判中面临的问题和机遇，了解了这些，你就会明白谈判桌上能够创造哪些价值；然后再问挑战性问题可能引出的正反两面推论性问题，这样，你就能了解对方的核心需求，从而制订最可行的增值方案。

挑战性问题及其可能引出的推论性问题，有助于你应对谈判对手的立场，因为谈判对手对这些问题的回答有助于你，甚至有助于对方自己，发掘潜在的利益。这些问题同样有助于明确模糊的利益，从而有助于集思广益方案。下面的技能练习提供了价值问题策略的案例。

如果对方在谈判中表明了自己的立场或需求，你就可以将这些信息作为提问的线索，去了解对方的潜在利益。要重新组织自己的问题，不要感到挫败。要想办法验证你对对方利益的判断。当然，最好能通过提问的方式，发掘你刚刚听到的信息中潜在的需求，可以问"为什么？"或者"那么做能让你得到什么好处？"

4D 价值问题示例

挑战性问题：
- 你能说一下你对计算机服务系统有什么不满吗？
- 对于目前居住的房子，你有什么不喜欢的地方吗？
- 在目前的簿记练习方面，你面对的挑战是什么？

推论性问题：
- 你的计算机一周脱机两次的话，会产生什么后果？
- 既然你家的房子没有后院，那你的孩子们玩什么游戏呢？
- 如果你的簿记速度提高25%，你的单位能得到什么好处？

当一个客户表示他（她）想付给你多少钱时，他（她）的潜在利益可能是将支出保持在预算的范围内，为其他询价者设置一个先例，或让他（她）的经理看好他（她）。在这种情况下，你可以问的与利益相关的问题包括"你还有什么我不了解的利益吗？"或"你有预算问题吗？"不要直接还价，要通过提问来找到创造性的解决方案，获得反应的时间，并使自己避开必须屈服的压力。提前评估谈判对手的利益，可能有助于谈判者提出更好的与利益相关的问题。

技能练习

在谈判对手表明立场时，针对他们的利益提一些问题

阅读下面的立场，推测陈述者可能存在的利益。再设计一些问题，了解对方的利益。

对方表明的立场

- 除非签三年合同，否则我不会同意的。

对方可能存在的利益

- 希望能赢
- 希望得到公正的对待（他们听说其他公司与这家公司签了三年的合同）
- 希望保持稳定的关系
- 希望保持一贯的财务政策

与利益相关的问题

- 为什么要签三年？（具体问题）
- 能不能告诉我为什么合同少于三年就不行？（挑战性问题）
- 比较长的合同年限对你有什么益处呢？（推论性问题）

4D 关键点

提一些与利益相关的问题，以此回应对方表明的立场或需求。

当一个小孩脱口而出，表明自己的立场，比如"我现在不想去睡觉！"，她的利益可能仅仅在于她还不累，也可能是想试探一下父母容忍她的限度，或者想看完一部电影，或者期待得到像她那些可以很晚才睡的朋友一样的对待。了解立场背后的利益很重要，因为谈判者选择的方案要以利益或立场背后的利益为依据。在小孩的案例中，要了解她的立场背后的利益，就可以这么问:"你为什么要晚些再睡?"

谈判者还要针对对方表明的立场,思考一下自己的谈判。记住,立场只是对方顽固坚持的方案。针对你的谈判对手表明的立场,努力找出对方的至少三个利益,然后想三个与利益相关的问题,将答案写在下面的工作表中。

谈判工作表7:发掘利益

发掘利益
对方的立场_____
_____
_____
_____
_____
对方可能存在的利益_____
_____
_____
_____
_____
与利益相关的问题_____
_____
_____
_____
_____

互相了解彼此的利益

无论对方是否就你的利益向你提问,互相了解彼此的利益都很重要。要尽可能具有建设性地谈判,就要谨记利益与立场是有差别的。立场是对具体方案的坚定要求,利益则是更深层次的需求,是谈判的潜在动机。

> ## "关注人"的谈判技巧
> **应对胜负思维的对抗性谈判者：谈判方式上的主要争议**
>
> 谈判双方彼此信任并有过合作的话，达成双赢的谈判就比较容易。但谈判者不时也会遇到立场坚定且具有敌意的谈判对手。要将这种情形考虑进谈判策略中，但没必要因此就改变谈判风格。举例而言，谈判者可能希望不利于自己的事实不被揭露。无论对方怎么做，"以牙还牙"的谈判策略总是很少奏效，反而常常导致谈判双方产生摩擦，并对谈判结果产生消极的影响。从谈判规划的角度看，必须考虑自己想传递的核心信息，这一信息也许是"我希望今天的谈判能为各方创造价值。我不接受任何人的其他方案，并保证会尽力不受其他方案的负面影响。"然后再照着做。专注于积极的核心信息，能赢得超出你想象的更多人的支持。在随后的谈判阶段，了解谈判对手的类型则有助于谈判者在公开什么信息、报什么价以及如何达成最终协议等方面制定决策。
>
> 重要的是，不要妖魔化我们感觉难以对付的谈判对手（虽然有时发泄一下不满情绪会有帮助）。理解对方的行为，毫不困惑地谅解对方，有助于谈判者最终找到一种使谈判各方都满意的谈判方式。对方难以对付，也许是因为不信任你，也许是因为他们在过去的谈判中曾受过骗，也可能只是因为他们除此之外不知道还有其他谈判方式。毕竟，我们都是自己利益的维护者、都认为自己的行为会带来最好的结果。了解这一点，再帮助对方了解你的目标和策略，就能达成更好的谈判结果。

> ## 4D 关键点
> 无论谈判对手做什么，都可以采用"做大蛋糕"的方法去谈判。

第二步：集思广益讨论方案

集思广益讨论方案时，要谨记两点：第一，将备选方案与确定方案分开；第二，邀请对方一起集思广益，并与对方分享方案。

将备选方案与确定方案分开

优秀的谈判者在集思广益讨论方案时会营造舒适的氛围,这是集思广益的核心要素。无拘无束地集思广益讨论方案,双方就能找到创造性的方案,这是依靠其他途径都无法找到的。然而,一些谈判者太习惯于在立场问题上讨价还价的谈判模式,这种模式就很难集思广益。这类谈判者会将任何适合他们的想法都拒之门外,或因为害怕承诺而不愿意制订新的方案。谈判双方都要明白,所有想法都无须承诺就可以摆到桌面上。只有以这种方式研究方案的各种可能性,谈判者才能创造谈判的价值。

集思广益的另一个障碍,是相对于提出想法,许多人更愿意去批判,或者更习惯于从一长串的选项中挑选一个"正确"的答案。因此,谈判者必须明确这一阶段的目标是集思广益提出方案,方案的好坏可以随后再评价。

要注意,集思广益不是要确定协议的具体数字或条款,这一阶段更合适提出方案。确定具体数字或条款的行为是一种企图,这表明谈判一方企图将谈判引向对自己更有利的范畴,尽管他们这么做并不一定是故意的或出于恶意。虽然让对方了解你的谈判范畴对谈判有帮助,但在这一阶段讨论具体数字还过早。讨论具体数字可以作为立场出现。

灵活战术

围篱

如果谈判对手将你的所有想法都拒之门外,那他们采取的就是"围篱"战术。这种情况下,你很难与之讨论一系列的想法和提案。因此,谈判前谈判双方要对集思广益方案达成一致,要确定这一阶段是在创造方案,而不是决定采用哪个方案。如果对方开始将你的想法拒之门外,就要提醒他们你提出的这些方案并不需要他们作出承诺。

4D 关键点

有效的谈判者倾听的不仅仅是话语,还有对方真正关注的东西。

邀请对方一起集思广益，并与对方分享方案

要邀请对方分享方案。如果遇到不太主动的谈判对手，还可以邀请他们一起集思广益讨论方案。与对方分享你的方案，特别是那些真正符合他们利益的方案。可以运用不同的客气话或远景展望，来使对方了解你是真的希望能集思广益不同的想法。

下面是集思广益讨论方案时，用来打破坚冰、开始集思广益的问题示例。

集思广益方案问题示例

- 要加强雇员之间的沟通，有哪三种办法？
- 目前有两种办法可以采用，你还有其他的可行办法吗？
- 谁有办法在最后期限内完成工作？不论想法有多疯狂，都可以说来听听。随便说就可以，没必要仔细考虑。

当方案涌现而出时，你就能发掘更多的利益。这时，你就有机会验证你之前听到的利益，并使之更加明确。在你集思广益考虑更深入的方案时，你也会更具创造性。

思考下面的方案，以及这些方案可能揭示的利益。注意带有"可以"、"一个想法"、"一种方案"之类词语的方案，这类方案表明陈述者可能有许多种利益。

方案	可能的利益
· 一种方案是将项目外包，第二种是自己做，第三种是以某种方式，将项目分成外包和自己做两块。	· 按时完成任务
· 我们可以在夏威夷开会，这样会议费用就能免税了。	· 玩得尽兴，开好会，还经济合算
· 我的一个想法是去看早场电影，然后再吃晚饭。	· 希望在一起待久一些
· 我们可以自己粉刷房子，然后用省下来的钱买块新地毯。	· 既整修了房子，又节省了费用
· 我们可以投票支持它。	· 公平，使多数人满意，结束活动

实施改进阶段

第三步：依据标准筛选方案

确定哪些方案最符合利益

将方案清单与利益清单作个比较，要特别注意那些能满足共同利益和优先利益的方案。如果其中一项方案恰好是最佳方案，那当然很好，但要抵制住过早确定方案的诱惑，要拿更多的方案去筛选。更仔细一些看疯狂的方案，也可能会引出虽然不同但却有用的方案，这种情况经常发生。

依据标准缩小方案的范围

没有人愿意在谈判中落于下风。实际上，大多数谈判者都需要向某些人解释协议的公平性，比如他们的经理、同事或他们自己。谈判改进阶段的目标就是将方案的范围缩小在具备可行性的方案和双方可能达成一致的方案中。谈判者在集思广益考虑方案时依据标准，就能丢弃不那么令人满意的方案，从而选出更好的方案作进一步的探究。

技能练习

提出与标准相关的有效问题

与对方探讨标准时，你可能会掉进立场导向和对抗性的陷阱中。坚持你认为绝对正确的标准，与坚持你认为正确的利益或方案一样，都是立场导向。谈判可能会因你的这种行为而陷入僵局。举个例子，你想努力卖掉你的车。即便当地市场的价格由于同一类型的汽车供过于求而相对较低，你可能还是会坚持对你有利的标准，比如《凯利蓝皮书》上的价格。如果你与对方能在标准问题上达成一致当然好，如果不能，那也还好。重要的是了解对方提出的标准有什么依据，所以在探讨标准时提问，与在探讨利益和方案时提问一样重要。下面是几个与标准相关的问题示例：

- 你的报价是基于什么标准提出的？
- 你知道我们要怎么做才能符合这项行业标准吗？
- 外面有没有专家可以就这一形势提出一个中立的看法？
- 你了解你的同事们签的协议是怎样的吗？
- 合同上是怎么写的？

- 公司里有四年工作经验的同事跟公司签了怎样的合同?
- 你的前任签了怎样的协议?

写下其他与标准相关的有效问题
_____
_____

也不会有人愿意浪费时间或花费很长的时间去谈判,却直到谈判快结束时才发现自己离预期的目标还很远。要针对双方在谈判结果上的可接受范围提出你的标准,然后决定是否要为达成一项协议而努力。如果你已在利益、方案问题上与对方进行了很好的对话,却看不出达成协议有什么好处,那你也可以尽快结束谈判。

技能练习

有效地提出标准

能有效地提出你的谈判标准,又不让对方觉得你是个对抗性的谈判者很重要。在讨论标准时,协同解决问题的气氛有助于保持谈判的积极性和建设性。同时,谈判者维护或保护自身的利益也很重要。将你的标准摆到桌面上,可以让对方了解在这种情况下你认为怎样的标准才合理。你肯定不想给别人留下你愿意接受不够公平合理的标准的印象,特别是当你的主要利益是尽可能达成最好的交易时。可行的标准提出方式参见以下几个例子:

- 我们为什么不一起到互联网上去查一查这种产品的价格范围呢?
- 要计算出这个项目需要的人员数量、资金预算和其他资源,我建议我们了解一下这个部门去年是如何处理类似项目的。
- 我认为对其他公司正在做的项目多作了解,能找到一些有用的参考。

写下其他有效的标准提出方式
_____
_____

用下面的工作表将这些技巧运用到自己的谈判中。

谈判工作表8：改进方案

改进方案
与标准相关的问题_____   提出标准_____

> **4D 关键点**
> 要维护自己的利益，灵活对待自己的方案。

改进、调整最好的几个方案

　　要让谈判值得进入下一个阶段——决策阶段，筛选出的方案就应该是切实可行的。这些方案必须更好理解、得到改进或更深入的研究，也必须要有实现的可能。开始筛选方案时，要记得维护自身的利益。双赢的方案并不意味着谈判者必须放弃自己的利益，特别是主要利益。此外，在满足利益的方式上谈判者要灵活，要接受创造性的问题解决办法。

准备好应对对方的替代方案

　　替代方案可以说是谈判桌上最难应对的问题。公开自己的替代方案往往会被认为是对谈判对手的一种威胁，"要么接受，要么离开"就是这样的一种威胁。然而，合作型的谈判者却能通过公开替代方案来加强双方的合作。

设想某公司的首席财务官西尔维娅正在努力为公司寻找一家新的会计师事务所。在与A事务所的合伙人杰瑞会谈时，西尔维娅提到她的公司也正在考虑B事务所。

"是这样的"，西尔维娅说，"B事务所提交了一份方案给我们，他们的报价比你们的报价低大约15%。"

杰瑞意识到自己不想为A事务所辩护，所以他承认道："我知道他们的报价比较低。但在我们事务所75年的经营历史中，我们确定略高一些的报价对于确保我们达成客户想要的专注、准确和高满意度是必要的。"

"你能证明这对于我们也同样适用吗？"西尔维娅问。

"不尽全力为你们服务不符合我们任何一方的利益"，杰瑞回答道，"如果我们不够专注、准确，我们就会被控告，而你的公司也可能因此而破产。"

"对"，西尔维娅说，"但你也不希望我从别处获得这样的服务吧？"

"我们愿意与贵公司合作"，杰瑞回答道，"请相信我的诚意。当然，如果你选择报价更低的事务所，我也能理解。我依然希望将来的某一天你会看到我们一丝不苟服务的价值所在。"

杰瑞在这次会谈前针对ICON要素做了准备：他确定了自己的最佳替代方案，也预估了西尔维娅的最佳替代方案，这些就是这场对话的关键所在。西尔维娅说杰瑞事务所的报价太高，而杰瑞提醒西尔维娅不要仅仅基于报价去选择会计师事务所。向彼此明示了这些利益，他们也许就能进一步了解彼此的利益，从而找到互惠互利的方案了。

要公开自己的最佳替代方案吗？

是否要公开自己的最佳替代方案，是个至关重要的决定，不能轻易对待。问问自己你想努力达成的首要目标是什么，也许你希望作更深入的讨论，也许你想结束谈判，也许你想加速谈判，也许你只是想确定一下是否值得花更多的时间在谈判桌上。公开自己的最佳替代方案有助于谈判双方更好地讨论，制订更多的方案，此外，最佳替代方案还可以是一个有说服力的标准。

假设你与你的经理就加薪问题展开了谈判。如果你的经理知道你有一份薪资高得多的工作机会，这通常会比基于你的表现、通货膨胀率、类似工作岗位的工资水平一类因素给你加薪更有说服力，因为你可能会离职。

告诉对方你的最佳替代方案是维护自己利益的表现。如果对方认为你特别需要达成这份协议，并在尽力占你的便宜，公开最佳替代方案就相当于给对方一个信号：你不打算签一份对自己不利的协议。

> ### 灵活战术
> **各说各话**
> 　　我们每天都可以在新闻中看到这样的情形：甲党说天要塌了，乙党却说没什么问题。甲乙双方都会收集大量令人印象深刻的"事实"，却没有一方在倾听对方的观点。双方陷入争论中，没有真正的对话。小麦与谷壳要怎样才能分清呢？这并不容易。如果双方都出于维护自己利益的意图扭曲事实，那你根本就不可能分清真相。就像你会从立场出发去选择方案一样，在标准问题上你也会这么做。所以要努力理解对方的标准，但不一定要认同，然后回过头去更深入地了解彼此的利益。

除了策略上的考虑，一些谈判者公开自己的最佳替代方案是出于坦率和真诚。当一方感觉另一方开始围着问题绕圈时，双方的友好关系就会遭到破坏，信任感就会降低。如果你信任对方，或正在努力建设与对方的关系，公开你的最佳替代方案就是一个好办法，因为你正在努力直击谈判的要点，这么做对谈判有帮助，尤其是在谈判效率方面。

谈判者还要了解自己和对方采取最佳替代方案的临界点。我们中的许多人会在厌烦、生气或沮丧时公开自己的最佳替代方案。在到达你的临界点之前，要考虑到后果。你可以将谈判暂缓一下，或与自己的同事、朋友讨论。问问自己是否你在努力满足自己的利益，或只是在努力伤害对方。如果看到对方离他们的临界点很近，你就要考虑如何改变这种态势。可以休息一下，结束这次会谈，或者转过头去讨论彼此的共同利益。

公开自己的最佳替代方案要考虑哪些因素呢？即使谈判目标明确，在决定是否要公开自己的最佳替代方案前，你仍要考虑一系列的因素，要分析公开最佳替代方案将对谈判本身、对谈判对手造成什么影响。公开自己的最佳替代方案，你就能达成自己的谈判目标吗？或者只会令谈判偏离正轨？有时，不论你怎样有技巧地公开你的最佳替代方案，公开这一方案本身就是一种宣战，因此要事先考虑到最坏的情境，并了解自己继续走下去的能力。

该怎样公开自己的最佳替代方案？

如果你已决定要公开你的最佳替代方案，那接下来该怎么做？这时你就要发挥自己的沟通技巧和关系处理技巧了。你清楚自己的目标，并预估到了公开最佳替代方案可能对谈判对手造成的影响，现在要考虑的是如何将负面影响降到最低。就像你告诉你正约会的人你不再对他感兴趣一样，在许多情况下我们无法完全消除负面影响。大体而言，在言语、举止上你都没有什么办法能使这类对话顺利进行。承认这一点，公开自己的最佳替代方案就会比较容易。

之前说过，坦率地解释原因能降低公开最佳替代方案的负面影响，从反面解释也可能会有帮助，比如告诉对方你的本意并不是要威胁对方。坦率很重要，因为你传递给对方的是一个压力信息，如果完全没有预料到这一信息，对方就很可能会怀疑你的善意。你可以这么解释，你这么做是在努力关注利益，而不是在伤害对方，因此要公开自己的所有想法，以便双方能作出明智的决定。

公开自己的最佳替代方案很可能会表现得像一种威胁，你必须要能消除这种误解。要做到这一点，就必须在公开之前、之中、之后都与对方保持良好的合作关系。

虽然这些建议可能会被人称为"技巧"，但谈判者要记住，这些建议只是帮助你表明自己动机和需求的工具，而非操纵、欺诈对方的工具。

询问对方的最佳替代方案

询问对方的最佳替代方案，能帮你了解他们的利益，从而选择标准、制订方案，并建立坦率真诚的对话。你知道得越多，你的应对能力就越强。询问对方对他们也有帮助，因为如果要由他们自己单方面地公开最佳替代方案，他们可能会比较不情愿。你该问吗？要决定这一问题，你可以使用决定是否要公开自己的最佳替代方案时使用的思维方法。要知道在某些情况下，谈判双方会不愿意讨论替代方案，有时是出于保密的需要，有时是因为一些谈判者比较具有对抗性，除非对他们有利，否则他们不会公开自己的信息。

该如何向对方询问他们的最佳替代方案呢？下面的几个思路能使你问起来容易一些。

- 承认达不成一致是谈判的现实问题之一。
- 肯定你必须做的所有事情对你自己和你的组织而言都是正确的。
- 提问时委婉一些，比如这么问"方便的话，能不能透露一下你们会采用的其他方案？"
- 要让对方明白，你的目标是达成最可行的协议。而通过了解彼此的最佳替代方案，你就能给出更有创造性的报价。了解对方的替代方案，你就能更多地了解对方的利益，从而更好地满足这些利益。

> **4D 关键点**
> 直面对方的最佳替代方案，没必要自我防御。

谈判对手告诉你他们的最佳替代方案后，会发生什么？你将更多地了解他们的最佳替代方案是如何满足他们的利益的。在这个时候，苛刻的评价和比较毫无意义。相反，要承认对方的最佳替代方案的优势；向对方询问他们的利益、面临的挑战，以及一些推论性的问题；再向对方解释你给出的方案与对方的最佳替代方案的区别。与对方讨论他们的最佳替代方案时，直率坦诚的态度会特别有用，免得使你看上去像在自我防御。如果你不认为对方的最佳替代方案很重要，对方会看出来的。我们将这一策略称为"直面对方的最佳替代方案"。

公开

谈判发掘和改进阶段的一个核心问题是公开。我们已经讨论了最佳替代方案的公开问题，除了替代方案，其他ICON要素的公开也要深思熟虑。要仔细琢磨在谈判中哪些信息该公开、哪些不该公开。谈判者经常会把他们的底牌藏在贴身衣服里，这会妨碍谈判价值的创造并增加谈判双方之间的不信任感。当然，没有人愿意主动揭开底牌，使自己处于弱势。所以，谈判者要学会分析公开信息的成本和收益。要了解公开某些信息的收益是什么，损失又是什么。

结 论

毫无疑问，谈判是有关影响和说服的行为。由于这样看待谈判，人们往往会忘记花时间了解比说服更有用。了解有助于建立信任关系，使沟通更为明了。在谈判的发掘和改进阶段，谈判者要将自己当成一个努力了解对方利益、标准、方案和替代方案的学生。这么做也是为了让你尽量了解自己的ICON要素。你会发现了解是富有成效的，因为了解是谈判中其他所有建设性行为的先导。

优秀的谈判者能得到更多的信息，并从中发掘出更多的价值。无论你的谈判具有什么实质，无论它有什么特征，好的谈判技巧都有助于改善与对方的关系，而稳固的合作关系能使谈判者发掘出更多的信息、制订更适合的方案，制订这类方案（以这种方式"做大蛋糕"）又会使决策阶段更富成效，也有助于双方达成长期的合作协议。

本章小结与发掘、改进清单

用下面的问题来规划发掘和改进阶段的工作。
发掘：集思广益考虑利益和方案，以创造谈判的价值
改进：评估、筛选方案，以推进谈判
1. 了解利益
   A. 什么样的问题能了解到对方的利益（用一般问题、具体问题、反问，以及有价值的挑战性问题和推论性问题的策略）？
   B. 哪些利益是你愿意让对方知道的？哪些利益是你**不愿意**让对方知道的？
2. 集思广益考虑方案
   A. 你会努力拟订什么方案？

B.你愿意将什么方案摆到桌面上？**不愿意**将什么方案摆到桌面上？
3.依据标准筛选方案
　　A.为了找到合适的标准，你会问什么问题？
　　B.你会向对方提出什么标准？不会提出什么标准？
4.为了以防万一，要准备好替代方案
　　A.你会公开自己的最佳替代方案吗？
　　B.如果你决定公开，你会怎样公开？
　　C.你会询问对方的最佳替代方案吗？如果会，你将怎么问？

回到海伦·霍普斯的谈判中。下面是海伦的经纪人莫妮卡的发掘和改进清单。

海伦·霍普斯的发掘和改进清单

1.了解利益

A.什么样的问题能了解到对方的利益？

　一般问题：
- 金门球队的长期计划是什么？
- 你们打算如何在本年度的赛季中获胜？

　具体问题：
- 关于球队在即将到来的赛季的预算和融资情况，能多告诉我一些信息吗？
- 海伦的签约从哪方面满足了球队的需要？

　反问：
- 如果我没听错，你们要刺激的是赛季的门票销售而不是个人比赛的门票销售，对吗？
- 因此，你们接下来的三年与三年之后相比,需要更多的现金流,是吗？

B.哪些利益是你愿意让对方知道的？哪些利益是你不愿意让对方知道的？

　愿意的：
- 海伦确实希望退役前能在另一场冠军赛上一展身手。

- 海伦关心自己在篮球运动员之后的职业生涯。

不愿意的：
- 没有

2. 集思广益方案

A.你会努力拟订什么方案？
- 让海伦当球队的队长或教练、多给海伦一些赠票。

B.你愿意将什么方案摆到桌面上？不愿意将什么方案摆到桌面上？

摆到桌面上的：
- 签多年的协议、奖金看表现、有交易否决权

不摆到桌面上的：
- 聘用海伦的父亲做教练（海伦根本不认为这是个好主意）

3. 依据标准筛选方案

A.为了找到合适的标准，你会问什么问题？
- 现在哪些球员有交易否决权？
- 让我们看看排名前五位的球星都有哪些奖金。

B.你会向对方提出什么标准？不会提出什么标准？

会提出的：
- 我们看看瑞加娜·米勒的合同，她赢得冠军赛、赢得"最有价值球员"、打比赛时都有奖金。

不会提出的：
- 没有。

4. 准备好替代方案

A.你会公开自己的最佳替代方案吗？
- 会，相比于其他球队的邀请，凯利·韦斯特已经对海伦表示欢迎了。

B.如果你决定公开，你会怎样公开？
- 会公开海伦的最佳替代方案，但只是为了与金门球队的方案作对比，不是威胁。

C.你会询问对方的最佳替代方案吗？如果会，你将怎么问？
- 不会，这么做看起来没什么帮助。谈判陷入困境时也许会问。

现在回到自己的谈判中，在下面的工作表中写下你的发掘和改进清单。

谈判工作表9：发掘和改进清单

发掘和改进清单

1. 了解利益

 A. 什么样的问题能了解到对方的利益？

 B. 哪些利益是你愿意让对方知道的？哪些利益是你不愿意让对方知道的？

2. 集思广益考虑方案

 A. 你会努力拟订什么方案？

 B. 你愿意将什么方案摆到桌面上？不愿意将什么方案摆到桌面上？

3. 依据标准筛选方案

 A. 为了找到合适的标准，你会问什么问题？

B.你会向对方提出什么标准？不会提出什么标准？

4. 准备好替代方案

A.你会公开自己的最佳替代方案吗？

B.如果你决定公开，你会怎样公开？

C.你会询问对方的最佳替代方案吗？如果会，你将怎么问？

概念速解：发掘阶段

定义	这一阶段是发掘潜在利益、集思广益考虑方案的阶段。
重要性	在这一阶段，谈判双方发掘彼此立场下的利益并创造价值，从而"做大蛋糕"。
准备活动	准备好你要问的与利益和方案相关的问题。准备公开自己的利益和方案时要有决断力、要灵活。
对话示例	问："能多告诉我一些你们在质量方面的利益吗？" 答："如果可以提几个方案但无须承诺，那我们随后就考虑一下。"
提示	尽可能彻底地了解对方的利益。尽可能清晰地告诉对方你的利益。集思广益提出方案，但无须承诺。

概念速解：改进阶段

定义	这一阶段是依据标准和利益筛选方案的阶段。
重要性	这一阶段能推动谈判双方达成双赢的协议。
准备活动	准备好提出标准。准备好与筛选方案相关的问题。
对话示例	问："在我们想出的10个不同方案中，哪两三个方案看上去足够可行，值得我们深入探究的？" 答："第二、第六个方案跟附近三个社区签的协议一样最打动我。"
提示	记住共同利益、不同利益和相互冲突的利益。了解相关的标准。选择双方都能接受的方案。

练习

一、不定项选择题

1. 下面哪些选项是推论性问题?
   A. 今天你在工作中面对的主要问题是什么?
   B. 你们部门有什么新动向?
   C. 既然现场没有复印机,那你是怎么复印的?
   D. 雅各布,如果下一个小时你姐姐要用电脑,那你要做什么?

2. 下面哪种方法可以应对带有胜负思维的对抗性谈判者?
   A. 用刁难战术以牙还牙
   B. 谴责对方的行为
   C. 继续采用一般的问题解决办法
   D. 理解对方的行为,但不为这种行为开脱
   E. 帮助对方了解你的目标

3. 哪些办法可以更轻易地使对方以一种建设性的方式公开他们的最佳替代方案?
   A. 让对方明白,你的目标是达成最可行的协议
   B. 承认达不成一致是谈判的现实问题之一
   C. 用你的最佳替代方案威胁对方
   D. 告诉对方:"我说了算。"

二、对错题

1. 要灵活对待自己的利益,对自己的方案要有进取心。
2. 将制订方案与决定方案区分开,有助于提出创造性的方案。
3. 最佳替代方案的临界点是谈判一方不采用他们的最佳替代方案的那个点。
4. 发掘阶段是筛选、评估方案的阶段。
5. 改进阶段是集思广益考虑利益和方案的阶段。

答 案

一、不定项选择题

1. 下面哪些选项是推论性问题？

   A. 不是。这是个挑战性问题，这个人要求对方回答"主要问题"是什么，但不想了解这些"主要问题"产生的后果。

   B. 不是。这是个一般问题，这么问无法了解这一问题产生的后果。

   C. 是。这是在询问这一问题（没有复印机）产生的后果或结果。

   D. 是。这么问可以了解接下来会发生什么事，即这一问题（雅各布的姐姐要用电脑）产生的后果。

2. 下面哪种方法可以应对带有胜负思维的对抗性谈判者？

   A. 不可以。用刁难战术以牙还牙往往会使冲突升级。要将这种做法与果断应对或对对方这一行为的影响表示关切区分开来。

   B. 不可以。谴责对方的行为与用刁难战术以牙还牙类似，会使双方的关系迅速恶化。要将谴责对方的行为与关注对方行为的影响区分开来。

   C. 可以。继续采用一般的问题解决办法，在实现实质目标和关系目标方面，你就不会分心。

   D. 可以。理解对方的行为但不为这种行为开脱就好比先了解潜在利益，以找到更好的解决办法。

   E. 可以。帮助对方了解你的目标有助于对方理解你，从而使他们的谈判方式更为灵活，减轻他们的立场导向或对抗性。

3. 哪些办法可以更轻易地使对方以一种建设性的方式公开他们的最佳替代方案？

   A. 可以。让对方明白你的目标是达成最可行的协议，对方就会更清楚，公开他们的最佳替代方案，双方就能制订出彼此都接受的新方案。

   B. 可以。承认达不成一致是谈判的现实问题之一，有助于使对方更愿意公开他们的最佳替代方案，而不必担心会使你感到不安。

C. 不可以。用你的最佳替代方案威胁对方可能会使对方也公开自己的最佳替代方案，但对方更有可能采取相反的举动。

D. 不可以。这么说跟威胁一样，也许可以使对方公开他们的最佳替代方案，但他们更有可能直接走掉，结束谈判。

二、对错题

1. 错。正确的说法是"对自己的利益要有进取心，要灵活对待自己的方案"。不要在主要利益上让步，但要以开放的心态来对待符合你利益的方案。
2. 对。将制订方案与决定方案区分开，有助于提出创造性的方案，因为这样谈判双方就能更自由地集思广益。
3. 错。到达临界点时，谈判一方会采用他们的最佳替代方案。
4. 错。发掘阶段是集思广益考虑利益和方案的阶段。
5. 错。改进阶段是筛选、评估方案的阶段。

第7章 4D 决策阶段:谈判收尾

4D 决策阶段是以明智、有效而非强迫的方式,推动谈判各方决定是否达成协议的阶段。达成协议意味着谈判各方创造了尽可能多的价值,未达成协议意味着谈判各方转而采用自己的最佳替代方案。

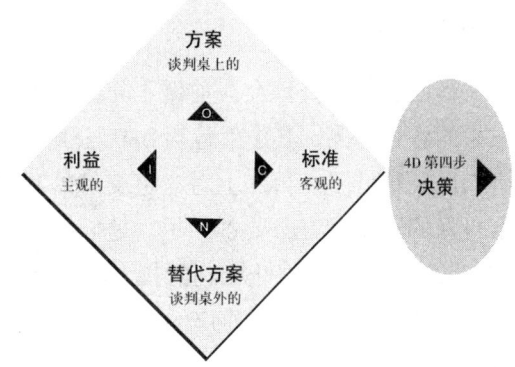

挑 战

露西是 Bauhouse 现代家具公司的销售人员,该公司生产并销售高档办公家具和家用家具。理查德是世界第二大信息技术公司 DMC 的采购员,DMC 公司正准备更换其在世界各地办公室的办公家具。露西和理查德就这项采购事宜磋商了三个多月,已经商定了其中的大部分事项。他们起草了一份临时协议,其中规定 DMC 公司将在未来五年以很低的折扣从 Bauhouse 公司采购 420 万美元的家具。

露西本以为 Bauhouse 和 DMC 两家公司会在下一次会谈时签署协议。然而,当双方坐到谈判桌边时,理查德却说:"在正式签约前,我们有最后一个要求:采购价格再降 12%。"这完全出乎露西的预料。

露西很震惊,她说:"理查德,这完全违背了我们之前的协议!为什么要突然作这么大的更改?"

理查德回答说:"我们公司第三季度的收入没有达到预期,并且考虑到这笔交易的分量,我们认为你们应该再降降价。"

"我原本以为我们已经就合同达成了临时的协议。"露西说。

"是的,但临时协议不等于最终协议。我向老板汇报后,老板认为要达成最终协议,你们就要给我们再降降价。你觉得怎么样?你想不想做成这笔生意?"理查德问。

解决方案

露西在与理查德会谈前做了充分的准备。她与销售副总裁讨论了可能发生的各种情况,其中就包括DMC公司会要求再降折扣。考虑到之前给的折扣已经很低了,再加上对这笔交易的利润率分析,他们一致认为采购价格再降的话就没有必要签约了。他们与其他几位高管分享了他们的分析结果,获得了必要时终止谈判的权力。

露西也重新审视了协议的其他方面。在DMC公司向Bauhouse公司采购的同时,Bauhouse公司也将在广告和市场营销中使用DMC公司的设备,并将公司的信息平台改为DMC公司的。对DMC公司而言,Bauhouse公司的这笔生意将为他们节省物流成本和运费。之前,Bauhouse公司与DMC公司的谈判团队经过长时间的磋商,付出了巨大的努力,才起草了最可行的协议。

针对理查德的问题,露西回答道:"我们想跟你们达成协议。本来想今天就签的,但如果你们还有顾虑,那就不可能签了。能否告诉我,你们要削减这个季度还是今年的预算?或者是协议规定的整个五年的预算?"

"已经确定要削减这个季度的预算了,但未来如何我们还不清楚。"理查德说。

露西想了一下,建议道:"我有一个方案。或许我们可以通过调整前期付款金额和交货时间,来适应你们突然要减少预算的状况,然后再看情况而定,或许我们可以再商量一下剩余的金额。如果你们削减预算的情况一直持续,还有一个可行的方案是根据采购预算的减少相应地减少采购的量。"

理查德换了一种方式坚持他原先的要求，说："我们CEO说降价是继续谈判的前提。你们不作一些让步的话，我回去无法向他交代。考虑到这笔交易的分量，或许你可以跟你们副总裁或CEO再谈一谈。"

露西回答说："如果你希望这样，我们现在就可以跟我们副总裁通电话。但我们公司的所有高管都看过这笔交易的分析，我们已经尽可能地给你们最低的报价了。如果我们公司要再次考虑各种因素，以决定我们是否能在降价的情况下达成更符合你们利益的交易，我肯定愿意花时间和精力去做。签临时协议时，我就考虑到了这种情况。所以我们才会给你们比其他客户低的折扣，才决定在下个季度新的广告活动中使用你们的产品，帮你们节约物流成本，并购买你们的信息平台。如果你觉得这对我们的合同有帮助，你可以将这些话转告给你们CEO。"

理查德向后靠了靠，说："好的，我会转告的，谢谢你。不过，'Just-Low'家具公司的产品明显比你们便宜，这是他们的主要优势。"

"跟'Just-Low'公司合作就没有缺点吗？"露西问。

"他们不能在广告活动中使用我们的产品。"

"他们会使用你们公司的信息平台吗？"

"他们正在考虑。"理查德回答。

露西停顿了一下，说："好吧。如果这么做有助于推进我们的协议，我愿意继续讨论下去。但我要明确一点，之前协商的报价已经是我们能给你们的最低报价了。"

"谢谢你今天做的所有工作和提供的所有信息，"理查德说，"我会跟我们老板商量一下，但不能保证说服她。至少我可以告诉她我们的产品很快就可以在一个广告活动中露面了，我还可以确定地告诉她，你给我们的条件是我们能获得的最好条件了。"

一周以后，露西和理查德又谈了一次，在对协议作了一些调整后，签署了对双方而言都最具可行性的协议。

总结：决策阶段

专注于决策
- 创造契机
- 推动谈判走向终结

概要

在决策阶段，谈判者要以明智、有效而非强迫的方式，推动谈判双方达成协议。

对很多人来说，决策阶段是整场谈判中最具挑战性的阶段。我该出价吗？或者让对方先出价？这就回到了立场导向的讨价还价思维。是的，出价的确会给对方造成某种心理影响。他们可能会想：与自己相像的人真正愿意接受的条件是什么样的呢？如果事先没有准备，你很可能无力招架对方的出价。决策阶段要有策略，意味着谈判结束时，谈判者要运用自己的知识作出明智的决定。

能创造契机并促使对方和自己共同将谈判推向结局很重要，但关键是要让对方轻松地接受协议条件而不是强迫对方。本章将教你如何明智、有效地促使谈判双方作出承诺。

在决策阶段，我将专注于三个主要的步骤：

1. 以达成最可行协议为目标。
2. 起草临时协议。
3. 采取下一步措施。

为了以防万一，在每一个步骤中，谈判者都得准备好采用自己的最佳替代方案。在引导谈判进入决策阶段时，这些策略有助于谈判者达成最终协议。

协 议

第一步：以达成最可行协议为目标

在决策阶段，要持续将最可行协议当作最终的双赢方案。谈判者在这一阶段要想方设法最大化谈判的价值，而不是彼此让步。建立战略联盟的大公司会用最可行协议的标准来衡量他们双方离理想的合作关系有多近，达成的协议离最可行协议越近，他们的联盟就越成功。如果达成的协议只是最可行协议的一半，就不是双赢。

了解自己的最差可行协议

在谈判的决策阶段，谈判者有时可能要更多地考虑是否采用最佳替代方案，而不是达成最可行协议。明确了自己的最差可行协议，谈判者就能更果断。作决定前了解自己的最差可行协议，谈判者就能判断谈判桌上的协议是否值得接受。我们合作过的一些机构希望他们的员工加强的最重要的组织能力，就是了解自己的最差可行协议。在一个机构中，如果专职销售人员不知道怎样的协议不够好，最终就会损害公司的盈利能力。而通过设定自己的最差可行协议，专职销售人员就会有更明确的参考，从而增强公司的盈利能力。

第二步：达成临时协议

在谈判过程中，就大大小小的事项——价格、交易量、发货日期、付款方式——达成协议很重要。一次就在所有的事项上都达成协议几乎不可能。谈判的困境在于，当其他事项显得突出时，谈判双方往往很难就小事项达成协议。要有效战胜这种困境，谈判双方就要基于整体协议达成临时的协议。在你就任何特定事项达成协议时，跟对方说"除非我们看到整体的协议，否则任何协议都不是最终的"需要高度的技巧。一场谈判涉及的事项越多，这种技巧和谈判者灵活运用该技巧的能力就越重要。（参考第八章的"摘樱桃"战术）

随着谈判的推进，谈判者有时需要就先前已经达成一致的事项重启谈判。可能因为谈判的外围环境发生了变化，或者出现了新的信息，使先前达成的临时协议变得不公平或不合理了。重启某个事项的谈判要谨慎，因为这么做会增加双方的不信任感。要尽可能坦率、认真地向对方解释你这么做的理由和动机。如果是对方这样做，就要尽量理解他们的理由和动机，然后再告诉对方你的需求。如果情况发生了重大的改变，你可能就要重新审视整体协议，而不仅仅是重启某个事项的谈判。（参考第八章的"重启谈判"战术）。

在准备一场会谈时，要尽可能与对方确定哪些事项可以达成临时协议。如果谈判双方都完成了发掘和改进阶段的工作，就应该很清楚可能达成的临时协议的内容。而整体协议的内容也可能会使谈判者决定在谈判的后期重启对临时协议的谈判。理想的情况是对方能理解重启谈判的原因，因为在谈判的前期，双方已经了解了彼此的利益和标准。如果双方事先没有明确，达成协议的只是临时协议，重启谈判就会被认为是一种刁难战术。

要先出价吗？

假如你已经了解了某个事项的ICON要素，对主题也有了很好的了解，先出价就很有意义。在谁先出价的问题上不必过于纠结。当然，你多少需要依靠对方的出价来判断可行协议的标准，但你的出价也会对对方在可行协议的判断上产生心理上的影响。但对特定事项的ICON要素了解得越多、发掘和改进阶段的工作做得越好，在可行协议的判断上，你就可以不用太依赖对方的出价。

先出价的标准

谈判的现实是谈判双方都是自身利益或他们组织的利益的维护者。因此，维护自己的利益很重要。谈判的另一个现实是每场谈判都有给予和索取，因此谈判者要尽量避免讨价还价。如果你已经同意以合作的方式谈判，出价就没必要太高，也要小心别占对方的便宜。"聪明反被聪明误"、"搬起石头砸自己的脚"不是什么幼稚的傻话，欺骗别人往往会损害自己的利益。同样地，也不要让自己被别人欺骗，要清楚自己的利益。在任何情况下，最高的出价第三方也要觉得公平才行。

灵活战术

大惊小怪

无论一开始出的是什么价，对方都会表现得好像你的出价太高了。对方采取这一战术的目的，是让你降低预期，作更大的让步。如果对方坚持不妥协，就多了解一下他们的利益和标准，也让他们了解你的出价所依据的标准。

灵活战术

要么接受，要么放弃

采用这一战术的谈判者，会要求对方要么接受自己的出价，要么结束谈判。谈判者可以温和地提出自己的最佳替代方案或对对方说的话作出反应，也可以采用一种要求对方屈从的强迫态度。遇到这类谈判对手，你就要更深入地了解自己的利益和方案，重新确认谈判进程。经过具体的警告或调整，你可以接受报价，也可以结束谈判，转而采用自己的最佳替代方案。

设想一下海伦·霍普斯的谈判。球队关心海伦会不会在骑摩托车时受伤，谈判双方为此讨论了可行的方案，同意海伦的经纪人莫妮卡起草一份临时协议——基于整体协议的临时协议。在协议中，莫妮卡的提议是海伦不参加摩托车赛，并只在穿全身防护服的情况下骑摩托车娱乐。关于海伦在球队中的领导角色问题，双方讨论了不同的方案，包括教练、队长、球队发言人等角色。球队总经理克里针对这个问题，提出了基于整体协议达成一个临时协议的提议。通过这种方式，谈判中的每个事项将被逐一讨论，达成临时协议，然后放到一边。

达成临时协议的方法

收尾在很多学科中都是一项技能，谈判也不例外。谈判收尾技巧的不同之处在于，要运用ICON谈判模式专注于客观性、选择性和公平性。下面是一些收尾的技巧。

- **试探**。大声思考，并大声说出来。问对方："如果……怎么样？"这是一种半集思广益、半评估的收尾技巧。在试探对方是否接受方案时，双方的主要利益往往会变得更清楚，而隐藏的利益有时也会变得明显，比如这么问"如果让你们公司的人去处理项目的那个部分，你觉得怎么样？那是你们的专长。那样的话，我们就可以将价格降到你们希望的范围了。"

- **提供选择**。为对方提供选择是个好办法，特别是在谈判者容易感觉被局限的谈判结尾。为对方提供选择能给对方自由和力量，这样对方就更能接受最终协议了。比如，你可以对对方说："这两个方案选哪一个我都很高兴。你为什么不从中选一个呢？"

- **互惠互利**。看看对方是否愿意做他们要求你做的事情或相反的事情。举个例子，雅各布经营着一家建筑公司，他的公司正为安妮建一幢房子。安妮要求说："如果不能准时完工，每拖延一天，我就要你支付1000美元的罚金。"雅各布回答道："如果提前完工，每提前一天，我们就可以得到1000美元奖金的话，我愿意接受你的条件。"

- **找帮手**。如果谈判双方无法克服自己讨价还价的癖性，或无法作出决定，可以考虑找一个双方都认为公正的帮手，比如调解人、仲裁机构或者第三方专家意见。比如，"我们一直在争论该如何处理化学品泄漏的问题，我们的代理机构必须就此达成协议。既然我们都认可普渡大学的李教授，不如让他给个建议，而不是各自找专家，你们觉得怎么样？"

- **折中处理**。还可以依据合理的标准折中处理。这看起来可能像让步或讨价还价，但在任意的数额上折中处理，与在谈判双方都认为合理的数额、条款上折中处理是有区别的。比如，"我能理解 Forrester Group 所做的分析，也理解他们是如何得出这个值的。我知道你们对我们的独立研究人员采用的基本假设有疑问。既然我们都了解每项研究的利弊，而事实上我们双方的底线差距只有3%，这3%可以转换成公平的金额，我建议我们折中处理。毕竟我们都耗费了大量的资源来分析和研究，是时候将这个项目向前推进了，这一点我想我们双方都会同意的吧？"

4D 关键点

接近最终协议时，谈判者要为双方达成更好的交易而努力。

灵活战术

我做不了主

如果跟你谈判的人无权拍板，你就会遇到"我做不了主"的战术。对方可能同意你的方案，但却会说他们的老板或董事会才能作决定。要尽早弄清跟你谈判的人是否能够拍板。或许你只能跟无权决策的人谈判，或许你需要在作出决策前，将与无权决策的人谈判这种投入纳入谈判规划，再帮助他们去说服他们的决策者。

在努力作出最终决策时，谈判双方都会很困扰，这是谈判的本质。采用以上几种方法会有帮助，此外，重新审视利益也是个好办法。也许还有一个主要利益没有被满足，也许有一方还没有被说服，不认为即将达成的交易是公平的，想进一步讨论谈判的标准。也可能他们需要提出自己的最佳替代方案，以现实地测试双方是否能达成协议，是否应当达成协议。

4D 关键点

感到困惑时，要重新审视潜在的利益。保持教养、毅力和耐心，就能得到好的结果。

某些类型的谈判会引导谈判者采用"分蛋糕"的收尾技巧。史蒂芬·布拉姆斯（Steven Brams）和阿兰·泰勒（Alan D.Taylor）在合著的《双赢谈判》（*The Win-Win Solution*）一书中，介绍了以双方都满意的方式分配谈判价值的策略，包括"划分、选择"，"轮流"，和"调整赢家"。"划分、选择"策略是指谈判一方"分蛋糕"，另一方选择他们想要的那一块；"轮流"策略是指谈判双方轮流挑选；"调整赢家"策略则指固定数量的物品要在谈判双方之间平均分配。这三种策略对于要在谈判双方之间分配固定数量物品的谈判是有用的，比如关于财产的谈判。

在下面的工作表中，用自己的谈判练习收尾技巧。挑出三种策略中的一种，然后设置对话示例来实施策略。

谈判工作表10：收尾技巧

```
                        收尾技巧

  收尾技巧：



  对话示例：


```

第三步：采取下一步措施

在每一次会谈的结尾，谈判者可以采取各种各样的"小措施"，以使下一次的会谈更有效，并推动谈判收尾。确定这些措施，确定最后期限、指定职责，都可以帮助谈判者避开之后可能会遇到的陷阱。这些措施可以共同采取，也可以由一方单独采取。先确定好会谈的时间安排、后勤保障一类的事项，比如下一次会谈的时间和地点，可以为谈判预留空间，从而保持谈判的动力。而谈判双方在沟通、告知、调查、咨询等大部分谈判桌外采取的措施上取得一致的意见，对许多要求达成共识的谈判而言也很重要。如果能这样，谈判双方就会同意为下一次会谈准备具体的信息，或多了解某一事项的细节，并在下次会谈前报告他们的发现。

即便双方已经达成了最终的协议，不再会有下一次会谈了，下一步措施也很重要。毕竟，下一步措施对于确保、强化协议达成之后双方行为的恰当性至关重要。一位谈判专家对我们说过："真正重要的谈判是从达成最终协议开始的。"协议的价值不是体现在字面规定上，而是体现在双方履行协议的行为上。协议的成功依然取决于你的谈判能力，即便"正式的"谈判已经结束。

4D 关键点

记得总结你的协议。

下面是将海伦·霍普斯的谈判向前推进的下一步措施。

下一步措施
- 协商好下周二在球队老板位于太浩湖的家中举行下一次会谈，时间是上午十点到下午四点。
- 克里同意在下周二会谈前与球队老板见面讨论两个具体问题。
- 莫妮卡同意带她的税务会计师参加会谈，以保证达成的协议有最好的财务结构。
- 克里将带上个赛季球员上场人数的数据参加会谈。
- 克里的助手会将会谈纪要发邮件给参会者。

准备采用最佳替代方案的情况

在你决定采用最佳替代方案和采用最佳替代方案时，都要尽量降低对对方的负面影响。如前文讨论过的，公开最佳替代方案有时都很难，所以要恭敬地想对方说明你的决定。我们一个同事决定不与一个客户达成协议，因为有一次他与这个客户很艰难才达成了协议，他因此感到很受挫。他诚实而灵敏地将他的决定告诉给客户："我们公司决定不与你们续约了，但我们一定会给您这样宝贵的客户一个平稳的过渡期。这么做的主要原因，是我们不认为我们双方能达成彼此都想要的结果。针对这些问题进行讨论后，我们相信我们公司需要一个新的发展方向。"

同舟共济

下面的建议对谈判的所有阶段都很重要，对于决策阶段尤其如此。由于谈判双方在作重要决定时都处在紧张和压力状态中，争论和对抗行为就可能会比较多。比尔·尤里（Bill Ury）在他所著的《绕过说"不"的谈判技巧》（*Getting Past No*）一书中，强调了通过恭敬地理解对方的意见和情绪来搭建与对方相通的"黄金桥梁"的重要性，即便在不同意对方的结论或方案的情况下。下面是使谈判双方同舟共济、将谈判向前推进的几个步骤。

在对方的出价和意见中寻找价值

如果对方的观点有根据,就同意他们的观点。对话中要尽量以"我们"而不是"我们、你们"为主,这样就不会造成对抗性的对话。举个例子,假如对方说:"我完全不同意你们的意见。我的团队根本没有受到尊重。我们花了更多时间,牺牲了更多的周末在这个项目上,我们对这个项目的贡献更大。所以我们要求重新谈一谈利润分成问题,我们应当分到50%。"你该如何应对?对方的话里带有焦虑和失望的情绪,如果你以同样的方式作出回应,就只会火上浇油。如果你回答"胡说八道",就会使问题恶化。这么回答也一样:"我们团队的经验比较丰富,也有更多的专家,他们为这个项目提供了智力支持。你们团队怎么也不能分50%的利润。"有助于在谈判双方之间搭建"黄金桥梁"的回应方式可能是:"我同意你的观点,你们团队是付出了更多的时间,牺牲了更多的周末。但我想多了解一些情况,切实地看看双方的数据、贡献比例和其他相关因素。"

"关注人"的谈判技巧

沟通和人际关系的重要性

如果谈判双方保持有效的沟通和坦诚的关系,谈判就会容易得多,双方会更开放更真诚地讨论问题。如果不这样,在利益、标准和方案等方面坦率对话就很难,更不用说替代方案了。下面这个故事表明了在谈判破裂,谈判双方将采用自己的最佳替代方案时,将谈判双方拉回谈判桌边的有效沟通和良好关系有多么重要。

1989年,德克勒克当选为南非总统后,采取了不可思议的措施,使南非政府最终承认了南非国大党的合法性,并释放了囚禁已久的政治犯纳尔逊·曼德拉。南非国大党与南非政府开始就制定新的宪法、组建新的政府展开了谈判。经过50年的种族隔离政策,这样的谈判绝非易事。在那样骚动、危急的年代,两个首席谈判代表之间竟然达成了协议,可见私人关系对谈判而言有多重要。

西里尔·拉马弗萨是国大党的首席谈判代表，罗·梅耶是政府的首席谈判代表。他们都将自己的工作视为在不作任何让步的情况下，开启沟通之路的行为。在双方达成具有历史意义的协议之后，两位首席谈判代表提到他们早先的一次垂钓之旅，那是他们私人关系的转折点。在那次旅行中，梅耶的手指被鱼钩钩住了，流了很多血。梅耶信任地让拉马弗萨帮他将鱼钩取出来。梅耶回忆说他当时有点担心："他让我在取鱼钩之前喝一点威士忌，但他没等我喝就将鱼钩取了出来。"（大笑）

通过这种方式，拉马弗萨与梅耶建立了友好的关系，这种关系在谈判始终一再被唤起。他们必须面对南非全体人民的恐惧和需求。当时，许多黑人十分厌恶与政府官员一起工作，因为一些政府官员是持不同政见者（比如曼德拉）的狱卒，而占人口少数的白人群体中的许多人又很害怕让权给占多数的黑人。来自少数白人政府的一些政府官员在黑人之间日益增加的暴力事件上火上浇油，当这一真相被暴露时，最糟糕的情况出现了。拉马弗萨回忆道："当时有一个计划是要颠覆国大党。"谈判就此停止。谈判双方的许多人认为协议不可能达成了。

梅耶当时正在看电视里的国内新闻，他听到一个评论员说"谈判已经完全破裂"，随后猜测谈判双方接下来会做什么。三十分钟后，梅耶的电话响了，是拉马弗萨打来的。梅耶与拉马弗萨讨论他们该做什么，才能使谈判回到正确的方向上。在公开的渠道不再起作用时，两人之间的沟通之路被称为"特殊渠道"，继续着国大党和政府的沟通。由此，双方最终在历史性的新宪法和过渡计划上达成了一致。

（资料来源：罗杰·费希尔，《说"是"的五种技巧》录像带，IL音像出版社，绍姆堡，1995年。）

理解对方的情绪

从某种意义上说，谈判就是人们彼此交谈，努力找到创造性的问题解决方案的活动。有时，这些问题和这些人都会被情绪掌控，虽然我们经受的训练和我们的经验常常告诉我们最好不要在这种场合情绪化，我们也并不习惯应对谈判中的强烈情绪。面对对方的情绪，虽然不需要也变得情绪化或容许对方爆发情绪，但表明你意识到了对方的情绪，能改善谈判的气氛。这么做能体现你的坦诚，不使人觉得做作，而做作会使对方认为你是在情绪化地对待本不该带有情绪的谈判。当然，不要给对方做心理分析，不需要将他们不安的原因告诉他们，这只会使情况更糟。更好的办法也许是这么说："我可能完全做错了。是不是我说的什么话或做的什么事情让你感到不舒服了？我们的共同目标是解决问题，我真恨自己把事情搞砸了。"

用积极的方式重述消极的观点

否定、批判和讥笑会将谈判双方带进敌我对立的氛围中，表达正面的看法则可以改善谈判气氛。举个例子，一个书店的合伙人纳尔逊和克里斯蒂娜正在讨论该如何处理一个打理书店业务的雇员。

纳尔逊："我们必须解雇杰瑞，他的销售做得实在太糟糕了，我们都比他做得好。"

克里斯蒂娜："杰瑞的长处明显不在销售，我认为他根本就不喜欢做销售。"

纳尔逊："我们应该雇别的人来做。"

克里斯蒂娜："可能是有这个必要。但我认为杰瑞在整理书籍、支付账单和打理财务方面做得很好。你觉得呢？"

纳尔逊："也是。但我们明明给他制定了具体的销售目标，他却一个都没能完成。"

克里斯蒂娜："你知道吗，杰瑞跟我提了好几次，说他想做兼职。我们不让杰瑞做销售，找一个专业的自由职业者来做销售，你觉得怎么样？"

克里斯蒂娜以一种建设性的方式重述了纳尔逊的消极观点。这样做能扭转这类形势，找到好的解决办法，从而避免出现对立。

征询对方的意见

在你要做的、将谈判向前推进的事情上，为什么不问问对方的意见呢？征询对方的意见在以下几个方面对谈判有帮助。首先，如果你留心对方的意见，就能为达成协议创造机会；其次，这样做能体现你对对方的尊重；第三，使对方能参与指导谈判进程，或为自己的方案辩护；第四，使对方开始站在对你有利的角度看问题，征询对方的意见有时还能引导对方换位思考。

谈判者无须在谈判的实质结果上让步，就能达成上述的结果。努力搭建沟通桥梁时要记住的关键一点是，在谈判中保持一种积极的、建设性的氛围，尤其是在谈判的决策阶段。同时，要保持谈判的实质目标和关系目标的平衡。谈判接近尾声时，即便谈判双方一直保持善意，谈判双方的关系也往往会瓦解，压力和紧张感则会到达顶点，这时，关注谈判中的人就很关键。

本章小结与决策清单

结束发掘和改进阶段后，用下面的问题规划自己的决策阶段。

决策：创造动力，以结束谈判

1. **以达成最可行协议为目标**

    A. 你的最可行协议是什么？

    B. 你的最差可行协议是什么？

2. **达成临时协议**

    A. 会谈中你会提出或接受什么样的临时协议？

3. **采取下一步措施**

    A. 有哪些下一步措施能将谈判从实质上朝协议推进？

4. **同舟共济**

    A. 可以采取哪些步骤确保自己与谈判对手同舟共济？

回到海伦·霍普斯的谈判中。下面是海伦的经纪人莫妮卡的决策清单。

海伦·霍普斯的决策清单

1. **以达成最可行协议为目标**

    A. 你的最可行协议是什么?
    - 签订与联盟其他顶级球员同样薪酬的长期合同、奖金看表现、有交易否决权、有一些特权。

    B. 你的最差可行协议是什么?
    - 签订与联盟其他顶级球员同样薪酬的一年合同、有交易否决权。

2. **达成临时协议**

    A. 会谈中你会提出或接受什么样的临时协议?
    - 海伦不参加摩托车赛,只在穿全身防护服的情况下骑摩托车娱乐。
    - 海伦担任金门球队的队长。

3. **采取下一步措施**

    A. 有哪些下一步措施能将谈判从实质上朝协议推进?
    - 协商好下周二在球队老板位于太浩湖的家中举行下一次会谈,时间是上午十点到下午四点。
    - 克里同意在下周二会谈前与球队老板见面讨论两个具体问题。
    - 莫妮卡同意带她的税务会计师参加会谈,以保证达成的协议有最好的财务结构。
    - 克里将带上个赛季球员上场人数的数据参加会谈。
    - 克里的助手会将会谈纪要发邮件给参会者。

4. **同舟共济**

    A. 可以采取哪些步骤确保自己与谈判对手同舟共济?
    - 海伦将重申,她希望能更好地理解球队的观点。

谈判工作表11：决策清单

决策清单

1. 以达成最可行协议为目标

　　A. 你的最可行协议是什么？

　　B. 你的最差可行协议是什么？

2. 达成临时协议

　　A. 会谈中你会提出或接受什么样的临时协议？

3. 采取下一步措施

　　A. 有哪些下一步措施能将谈判从实质上朝协议推进？

4. 同舟共济

　　A. 可以采取哪些步骤确保自己与谈判对手同舟共济？

概念速解：决策阶段

定义	决策阶段是谈判者达成协议或采用自己最佳替代方案的阶段。
重要性	在这个阶段，谈判者要以一种能改善谈判结果和双方关系的方式来结束谈判。
准备活动	考虑怎样的出价能达成基于整体协议的临时协议，准备好下一步措施。
对话示例	问："我们已经花了三十分钟来讨论这个问题。你看我们是不是该准备共同制订一个彼此都满意的提案呢？" 答："我喜欢你针对最终协议提出的方案。如果能更好地考虑我时间紧迫的问题，我就准备在这个问题上达成协议。"
提示	让对方轻易地与你达成一致。要保持积极的对话氛围。坦率地面对彼此的制约因素。

练 习

一、不定项选择题

1. 基于整体协议的临时协议直接建立在哪些因素上面?
   A. 利益
   B. 标准
   C. 方案
   D. 替代方案
   E. 上面几项都不是

2. 采用临时协议的方式:
   A. 能将所有决策推迟到谈判的最后
   B. 使谈判者在遇到一个努力抢占一切利益的谈判对手时,能保护自己的利益
   C. 使谈判者在谈判中能一次处理一个问题
   D. 使每个决定都成为最终的决定
   E. 应该在谈判的规划阶段进行讨论

3. 临时协议与下一步措施的区别在于:
   A. 下一步措施是合同或交易的组成部分
   B. 临时协议是针对下次会谈的时间、该向哪个第三方咨询,以及要做哪些调查之类的事项达成的协议
   C. 临时协议涉及谈判双方承诺要做的所有事情,这些事情是最终协议的一部分
   D. 下一步措施往往指向谈判过程,比如会谈的时间和地点

4. 以合作的方式,使谈判双方将谈判向最终协议推进的下一步措施包括:
   A. 征询对方的意见
   B. 告诉对方"要么接受,要么放弃"
   C. 理解对方的情绪

D. 用积极的方式重述消极的观点

E. 在对方的出价和意见中寻找价值

5. 要以合作的方式结束谈判，可以：

A. 折中处理

B. 试探

C. 作出小的让步

D. 单方面引入另外的谈判者

E. 提供选择

答　案

一、不定项选择题

1. 基于整体协议的临时协议直接建立在哪些因素上面？

A. 否。临时协议不需要建立在利益上。

B. 否。虽然达成临时协议需要依据标准来筛选方案。

C. 是。临时协议建立在方案或一部分提案的基础上。

D. 否。虽然你可能会将一个可行的临时协议比作最佳替代方案。

E. 否。见答案 c。

2. 采用临时协议的方式：

A. 否。整场谈判会陆续达成大大小小的协议，最终协议在谈判的最后作出，临时协议则可能需要重新谈判。

B. 是。这是采用临时协议方式的一个主要目标。

C. 是。这是达成基于整体协议的临时协议的一个主要作用。

D. 否。从定义上说，每个决定都是临时的，但这并不意味着可以随意重启谈判。重启对某一事项的谈判应当着眼于整体协议。

E. 是。在规划阶段讨论这一问题，在发掘和改进阶段，以及决策阶段谈判双方就能基于整体协议达成临时协议。

3. 临时协议与下一步措施的区别在于：
   A. 否。临时协议才是合同或交易的组成部分。
   B. 否。就此类事项达成的协议属于下一步措施。
   C. 是。
   D. 是。

4. 以合作的方式，使谈判双方将谈判向最终协议推进的下一步措施包括：
   A. 是。征询对方的意见有助于抑制谈判者的自负心理，为协议的达成创造机会。
   B. 否。说这种话的谈判者通常看上去比较具有对抗性。
   C. 是。这有助于改善谈判氛围。
   D. 是。这是推动谈判持续前进的一个很好的工具。
   E. 是。这么做体现了谈判者对对方的关注和尊重，往往能使双方建立起良好的关系。

5. 要以合作的方式结束谈判，可以：
   A. 要视情况而定。在任意的数额上折中处理更像讨价还价，在两个客观标准之间折中处理则比较公平。
   B. 是。试探谈判的结局有助于推动谈判向最终协议前进。
   C. 否。作出小的让步（以及努力作出更大的让步）会使谈判者显得更为立场导向和随意。
   D. 否。这么做很可能会引起对方的怀疑，怀疑你想控制谈判。要引入另外的谈判者，一种合作的方式是在引入之前与对方讨论，并向对方解释你的理由。
   E. 是。这有助于双方作出决策。就一个具体方案达成一致时，人们都不喜欢感觉自己是被迫的。

第三部分

上谈判桌前

这部分是谈判实战指南的最后一部分,这部分的任务就好比在"做大了的蛋糕"上面额外涂一层奶油。我将在准备谈判、实施谈判方面提出几个重要的、普适的思路,分三章来讲述。

- 第八章:应对刁难
- 第九章:将所有谈判都当成跨文化活动
- 第十章:准备,准备,再准备

贯穿这三章的主题是做好准备、随机应变、开放心态。成功的谈判无须遵循什么"秘诀",但谈判者要有正确的应对方式。要明确自己的期望,明确必须做的事情、能做的事情,以及不能做的事情。铭记这些对谈判起决定性作用的观念,将你在前面两部分学到的东西运用到你的下一场谈判中,这样就能增加所有协议的实质价值和关系价值。

第8章 应对刁难

几乎所有的谈判都存在冲突,谈判者不可避免地会遇到一些刁难的行为。这种情况出现时,人们往往会感觉自己被逼到了墙角,他们理性而有效的应对能力因此而降低。事实上,你有很多种选择,挑战性在于你是否能将冲突视为改善状况、创造价值和解决问题的机遇。本章针对谈判者对冲突的反应和谈判者的目标,提供了应对刁难的策略。谈判者要将这些策略当成一种习惯,这种习惯可以最小化对方刁难战术的影响,因为谈判的目标就在于维护自己的利益,得到想要的结果,并降低负面冲突的发生率。

第一步:增强自我意识

谈判者要关心自己的想法和感受,了解自己的困扰。你会不会太过自负了?你会觉得没有受到尊重吗?只要知道对方会拿什么来刁难你,知道自己该如何反应,你就更容易应对刁难。谈判会让人紧张,如果你只关注对方的问题和忧虑,而不关心自己,你的挫败感就会增强。并且,要过很久你才能意识到这一点。了解自己能使谈判者作出正确的选择,还有助于双方达成稳固的协议。

第二步:盯紧自己的目标

谈判者在感到挫败时很容易忘记自己的目标。这时,最重要的是要记住自己的目标和双方的共同点,即共同利益。这是否意味着谈判者要忽略自己的感受或情绪?不是的。由于关心自己的感受,谈判者就能在专注于目标的同时选择适合的策略去管理自己的情绪。

第三步：换位思考

还记得你刁难对方的情形或不理性的时候吗？还记得在那种情况下，周围的人说过或做过什么来帮助你停止这种行为吗？谈判者要将换位思考当成一种习惯，努力理解对方行为的动机或理由。由于某种原因，不论你认为对方有多么不理性，对方却总觉得他们的言行是正当的。你刁难别人时对你产生过帮助的方法对对方可能不起作用，要找到一种争吵以外的方法来让对方停止刁难，你就要理解对方并学会换位思考。情绪激动时找这种方法比较难，因此你要保持平静。

只要采取以上三个初步措施，谈判者就能判断在应对刁难的问题上自己该作何种选择。

讨论

与对方恰当地讨论他们对你的刁难，往往能使他们停止这种行为。要让对方意识到他们的行为，并关注这一行为的影响。与其指责对方，不如让他们了解自己这么做的原因，询问他们这么做是否因为遇到了难题，或者建议他们换一种方式继续谈判。

"你正使谈判走向破裂"，以这种方式与对方讨论刁难行为，很容易变成指责，从而导致双方相互指责，使双方的关系直线向下。比较积极的讨论应该是"在这个问题上，我感到很失望。我提了几个方案，但你只会挑这些方案的毛病。我很想知道，你心目中的好方案是什么样的。在评价之前，或许我们可以先列出彼此的方案，再一一审视它们，关注每个方案的价值，这样也许能找到一个不错的方案。你觉得呢？"

忽视

忽视也有用。你可以假装对方没有刁难你，保持积极的态度。如果对方的刁难行为再次发生，就换一种策略。忽视策略如果实施得当，就相当于告诉对方"你这么做一点用都没有"，从而消除双方的敌意。要记住，在谈判中你只能掌控自己的行为，而无法掌控别人的。如果对方继续刁难你，让你感到困扰，与对方讨论他们的刁难行为（上一个策略）就是此时应该采用的正确策略。如果你有很好的最佳替代方案，采用忽视策略就比较容易。如果对方还在继续刁难你，那你就结束谈判。

推迟处理

在理想的状态下,谈判双方当场就会讨论一方的刁难行为,但谈判很少发生在理想的状态下。有时,面对对方的刁难,你会措手不及。这种情况下,在反击刁难行为之前思考一下很有好处。你可能想抢在对方前面作出反应,然后检测自己看法的正确性,以及你的反应给对方造成的影响。但只要有机会思考,你完全可以在这次会谈后面的阶段或下次会谈中讨论对方的刁难行为。等双方恢复平静,情绪不再激动时,讨论刁难问题就会容易得多。

将谈判放一放

谈判困境对任何一方都没有好处。如果有必要,就将谈判先放一放。这么做能使谈判各方都冷静下来、好好思考。你可以出去吃个午饭,或要求推迟一天。通常来说,将谈判放一放,换一个新的视角对解决问题很重要。如果你是为了获得更好的谈判结果而打算将谈判放一放,就要确定已经认真审视过自己的替代方案,并有很好的最佳替代方案。在任何情况下都要解释清楚这么做的原因,这样才能得到对方的理解。要知道,将谈判放一放并不意味着要烧毁双方沟通的桥梁。

按规则出牌

在有些谈判(特别是低价值的谈判)中,谈判者按规则出牌,为自己的利益与对方讨价还价或终止谈判,以获得自己想要的结果,反而会使谈判更高效。这种情境将在后面的"老狗战术"中详细阐述。

适当的幽默

幽默很容易让人放下戒备,有幽默感的谈判者会显得非常有人情味。因此,如果对方是会欣赏幽默的人,时机也合适,使用幽默就能扭转谈判的形势。幽默能使双方放松,缓和负面信息造成的影响,扭转糟糕的形势。不在乎对方采用什么战术,也有助于让对方看到你是在以普通人的方式与之沟通,而不是作为对立的谈判者,这样对方就不会出于立场或压力而在谈判中采用操控战术。举个例子,我的一个同事在一场重要的谈判中看见对方开始采用"黑脸白脸"战术,于是他说:"我感觉我们的谈判就像警匪剧中的一幕。你们中的一些人很严厉，另一些人却在努力显得通情达理，我觉得自己只能招供了。好吧，我承认，我承认，是我打劫了那家银行！"我同事说对方听了他的话之后哈哈大笑，形势也为之一变，双方自此开始以不同的方式，更具建设性地继续谈判。

战术大全

本书第二部分的"灵活战术"方框中包含了我这些年在工作中遇到的常用谈判战术。为了方便大家了解，我将这些战术连同我遇到过的其他战术一起整理出来。下面每一种战术的关键，都在于这一战术的有效应对策略。

要注意，我们建议的应对策略大部分是以ICON谈判模式和4D程序为导向的。根据遇到的特定情境，谈判者可以综合运用几个应对策略，比如"忽视"和"推迟处理"。

灵活战术

讨价还价

一方在谈判伊始就开出一个极端的、不合理的报价，在努力从你身上获得更多让步的同时，自己又保守地不肯作出让步，这时就会出现讨价还价战术。有时，谈判者会将讨价还价与其他战术结合起来用，比如"要么接受，要么放弃"战术。

有效的应对策略包括：

- 要应对讨价还价战术，就要跟对方一起讨论该如何谈判（预防措施）。
- 要尽早并经常询问对方的利益所在，也要记得让对方了解你的利益。
- 评估方案前要集思广益出足够多的方案。
- 准备好自己的最佳替代方案。

重启谈判

在你逐一按事项谈判时，对方却要重启对已解决事项的谈判，这时他们采用的就是这种战术。重启对已解决事项的谈判可能有正当的理由，但有时这是对方采取的刁难战术。

此开始从更具建设性的角度继续脱困境，你需有效的应对策略包括：

- 采用临时协议的办法，提前与对方决定：若有人想重启谈判，就必须找出有说服力的理由。
- 花些时间了解已解决的事项为什么还要重启谈判。
- 了解对方的利益。
- 也让对方了解你的利益和你在谈判中的约束条件。
- 如果双方同意在情况改变时可以重启谈判，提出要求的一方就必须提供"情况改变"的证明。

摘樱桃

你逐一按事项谈判，对方却不顾及整体协议，在每一个事项上都努力占尽便宜，他们采用的就是这种战术。

有效的应对策略包括：

- 谈判一开始，你就要清楚你要达成的是"基于整体协议的临时协议"。
- 一旦发现对方有采用这种战术的苗头，你就要指出来，这样才能使谈判保持正轨。
- 向对方说明你在关键事项之间看到的联系，并讨论这些联系与利益、标准的关系。
- 在谈判过程中达成临时协议时，要从整体上评估达成的协议。

各说各话

我们每天都可以在新闻中看到这样的情形：甲党说天要塌了，乙党却说没什么问题。甲乙双方都会收集大量令人印象深刻的"事实"，却没有一方在倾听对方的观点。双方陷入争论中，没有真正的对话。小麦与谷壳要怎样才能分清呢？这并不容易。如果双方都出于维护自己利益的意图扭曲事实，那你根本就不可能分清真相。就像你会从立场出发去选择方案一样，在标准问题上你也会这么做。

有效的应对策略包括：

- 努力理解对方的标准，但不一定要认同。同时解释你的标准。
- 回过头去更深入地了解彼此的利益。
- 坚持自己观点的同时，想办法达成协议。

围篱

如果谈判对手将你的所有想法都拒之门外，那他们采取的就是"围篱"战术。这种情况下，你很难与之讨论一系列的想法和提案。

有效的应对策略包括：

- 谈判前谈判双方要对集思广益方案达成一致，要确定这一阶段是在创造方案，而不是决定采用哪个方案。
- 如果对方开始将你的想法拒之门外，就要提醒他们你提出的这些方案并不需要他们作出承诺。

大惊小怪

无论一开始出的是什么价，对方都会表现得好像你的出价太高了。对方采取这一战术的目的，是让你降低预期，作更大的让步。

有效的应对策略包括：

- 尽量多了解他们的利益和标准。
- 也让他们了解你的出价所依据的标准。

要么接受，要么放弃

采用这一战术的谈判者，会要求对方要么接受自己的出价，要么结束谈判。谈判者可以温和地提出自己的最佳替代方案或对对方说的话作出反应，也可以采用一种要求对方屈从的强迫态度。

有效的应对策略包括：

- 更深入地了解自己的利益和方案，重新确认谈判进程。
- 经过具体的警告或调整后接受报价。
- 结束谈判，转而采用自己的最佳替代方案。

我做不了主

如果跟你谈判的人无权拍板,你就会遇到"我做不了主"的战术。对方可能同意你的方案,但却会说他们的老板或董事会才能作决定。

有效的应对策略包括:

- 尽早弄清跟你谈判的人是否能够拍板。
- 你也许只能跟无权决策的人谈判,也许你需要在作出决策前,将与无权决策的人谈判这种投入纳入谈判规划。
- 帮助对方说服他们的决策者。

其他战术

老狗战术

这种谈判者就像永远学不会新把戏的老狗,顽固至极,不愿意作任何改变。这种人的谈判方式只有一种,就是让对方让步。

有效的应对策略包括:

- 提前指出这种战术,这样就能决定谈判的方式。
- 可以选择不参加这个游戏。如果对方的出价不符合你的利益,就不要接受。改进自己的最佳替代方案,再不行就采用这一方案。
- 跟对方讨价还价,了解自己的目标和约束条件,对方就占不到你的便宜。
- 要对付这种谈判对手,你可以将自己的谈判约束条件放宽松一些,让对方感觉他们"赢"了。

推倒重来

你花了几个月时间谈判,双方原则上已经达成了协议,但最后对方突然要推倒重来,显而易见,他们这么做的唯一动机是让你降价。

有效的应对策略包括:

- 可能的话,要了解并改进自己的最佳替代方案。
- 如果你的最佳替代方案足够好,就把它公开。

- 团结你的团队，让他们支持你。
- 让对方换一个谈判代表，或引入新的谈判方。
- 将价格与价值捆绑在一起，以免在价格上让步。
- 没有回报就不要让步。
- 避免将价格作为谈判的最后一个事项。
- 关注交易带来的长远利益。

最后一个条件

在你以为的最后一次会谈上，签署协议前对方突然要求你作出巨大的让步（往往针对价格）。这种战术会令你措手不及，对方利用的正是你对谈判的期望和想结束谈判的心理。

有效的应对策略包括：

- 向对方提问，以了解他们的利益。
- 帮助对方了解，在协议不成的情况下，采用他们的最佳替代方案的代价（浪费时间、破坏双方的关系），并向对方公开你的最佳替代方案（如果足够好的话）。
- 团结你的团队，了解他们对即将达成的协议的支持率。

既成事实

对方告诉你，他们已经单方面作出了决定，这时他们采用的就是"既成事实"战术。他们这么做的目的是让你同意他们拟订的协议。

有效的应对策略包括：

- 在谈判的规划阶段与对方确立先沟通、协商，再决策的谈判方式。（预防措施）
- 了解这一战术满足了对方的哪些利益，尤其是本质利益。
- 坚持谈判要由双方共同决策，而不是一方的行为。
- 改进并采用自己的最佳替代方案。

记忆失灵

你与对方达成了一项协议，双方记住的内容却不一样，因为没有人将协议写下来。你怀疑自己被骗了，但也许只是因为沟通失误。

有效的应对策略包括：

- 好记性不如烂笔头——用常见的方式将协议内容写下来，比如浏览表、备忘录等。
- 每次会谈后给参会者发送会谈纪要（预防措施），要求对方核对并更正。
- 问对方他们记得什么，并与对方分享你记得的内容。
- 若问题依然存在，就告诉对方你认为他们在耍诈。

狂热的叫卖

操控型的谈判者常常会努力让你在行动计划上作出更多的承诺，自己却小心地少作承诺。这种谈判者会让你感觉自己陷入了圈套，从而违背自己的利益去谈判。这就好比拍卖会上的疯狂叫价：叫价在不断攀升，拍品本身的价值却没有发生变化。

有效的应对策略包括：

- 尽早指出对方的把戏。
- 了解自己的约束条件。
- 仔细研究自己的最佳替代方案。
- 了解对方的利益和标准。
- 不要基于沉没成本[①]来作决定，要基于未来的收益或损失。
- 改进问题解决方案，在整体协议达成前不要作出其他承诺。
- 要逐一考虑每个事项，以此决定是否要接受一个双方商定的方案。除非接受方案，否则不要继续谈判。

给点好处

谈判、实施交易时，谈判者常常相互作出让步，即给对方一点好处。谈判双方往往会在这些好处上附加不同的价值，并假定双方彼此信任，彼此的估价也很公平。等到要兑现这一好处时，对方却会打折扣，或像

---

① 沉没成本是指由于过去的决策已经发生了的，不能由现在或将来的任何决策改变的成本，即已经发生的不可收回的成本。——编者注

什么事情都没有发生过一样。这种情况下，你率先作出的让步就会变得毫无价值。

有效的应对策略包括：

- 避免单方面作出让步。（预防措施）
- 询问对方如何衡量你给他们的好处的价值。
- 双方一起记下彼此承诺要给对方的好处，以及双方都认同的好处的价值。
- 采用互惠互利检测，与对方交换同等价值的好处。
- 拒绝给对方好处，向对方解释原因，并提出一个不同的方案。
- 提醒对方在整体协议达成前任何协议都是临时的（提出基于整体协议达成的临时协议）。

黑脸白脸

这是一种经典的谈判战术。跟你谈判的人与你建立起了友好的关系，他们团队中一个精明的成员又对你施加压力（或者说将对你施压，因为你可能还没遇到这个人）。跟你谈判的人的任务是说服并影响你，以配合他们那个强硬却据说很"公平"的成员。

有效的应对策略包括：

- 识别对方的这种战术。
- 增加自己团队的人数，在人数上与对方保持平衡。
- 持续关注ICON要素，抵抗对方施加的压力。
- 将谈判的关系目标和实质目标分开，根据各自的价值分别对待。

正如你所了解的，你可以运用策略应对所有这些谈判战术。在谈判的准备活动中打下的基础往往能将这些战术防患于未然。

第9章 将所有谈判都当成跨文化活动

贯穿这本书的始终,我都提到关注人的谈判技巧和建立合作关系的重要性。这在谈判中至关重要,因为每个人都是独特的个体。每个人都有独特的生活背景和阅历,这些在谈判中都会体现出来。这些独特之处包括但不限于成长环境、职业、教育背景以及人际圈。即便生活在同一个屋檐下,母亲和女儿的生活阅历也可能大相径庭,她们之间的谈判就会遭遇文化鸿沟。

然而,不论谈判双方的差异有多大,这些差异往往不是导致谈判破裂的原因。双方不能站在对方的立场上看问题,由此导致的误解、沟通失误才是谈判破裂的原因。我们为什么不将跨文化谈判中积极、心态开放的经验带到日常谈判中来呢?处理好与另一个人的关系,意味着要理解这个人看待世界的方式。谈判时,最起码不要否定对方的感觉。有效的谈判意味着谈判双方能建立起一种合作的关系,这种关系包括相互尊重、理解对方的看法。将所有谈判都当成跨文化活动,就要质疑自己原先的臆测,加强彼此的沟通,找出文化鸿沟,并用达成协议时需要的理解、同理心和相互尊重来填补这一鸿沟。

在第七章中,我们讨论过作出承诺时要搭建与对方沟通的桥梁。我将在本章中提供一些跨越文化鸿沟的策略。

假定自己什么都不了解

谈判者要知道自己都了解什么。去国外旅游时,我们往往会质疑自己对恰当人际交往方式的臆测,也会更加敏感与自己的言行产生的影响,还会问更多的问题。这种心态对任何谈判都有用。谈判者保持一种更真诚的好奇求知心态，发生误解和沟通失误的几率就比较低。因此，谈判时要确认自己是否真的理解了对方，问一些深入的问题，发掘对方言行的潜在原因，并不时总结谈判的进展。

承认自己观点的局限性

将自己的观点视为许多观点中的一种。在明显的跨文化活动中，人们会倾向于假定自己可能错过了一些东西，不了解所有的信息，或者不了解一段历史。也许我们会承认，由于国籍不同，我们与其他国家的人看问题的角度不一样。为什么不在日常谈判中也这么想呢？

在日常的谈判中，人们会更倾向于认为自己是对的，而对方不那么正确。然而，只有谈判双方了解彼此都是从独特的角度去看问题，谈判才能成功。

彼此了解

记住，是人而不是文化在谈判。不要臆测或预测别人，跟对方讲讲你的背景，也听对方讲讲他们的背景。每个人的言行举止都与其背景相关，要学会提问，以增进了解。同时，也让对方了解你的背景，让对方知道什么对你而言很重要，你又是如何变成这样一个谈判者的。彼此了解的行为往往发生在谈判桌外的非正式场合，但不要低估这一行为的价值。

了解对方的意图，让对方知道他们的言行对你的影响

如果对方的言行举止让你感到意外，尤其是与你的感觉背道而驰时，你就要去了解他们的意图或目的。你可以问一个简单的问题："我不太清楚你想达到什么目的。如果能让我多了解一些你在这个事情上的目标，对我就会有帮助。"用假设的语句让对方知道他们的言行对你产生的影响，这样对方就会更了解你，并将对话向前推进。

了解对方的文化背景

了解对方的文化背景（企业文化、政治文化、家庭文化等等），对谈判大有助益。了解这些有助于防止误解和沟通失误，有助于双方顺畅地沟通，还能体现出你在建立友好关系上的努力。许多谈判者都称赞这种非正式沟通的价值："我们在午餐期间的收获比正式会谈时的收获还多。"当然，谈判者对此也要保持慎重。将你了解的文化信息应用到具体的人身上时，可能会被误导甚至因此而犯错。所以，这类信息最好用来增进对别人的了解、检验自己的臆测、增加同理心。

观察、对权力观念有所意识、彼此尊重

人们往往会透过权力之镜来理解别人，意识到这一点有助于打破因权力观念而产生的隔阂。不信任、怀疑往往与权力观念结合在一起，因此，要改善谈判双方的关系，就要意识到这一点。

如果你担心有人会因为你的权力地位而不信任你，包容能减少这种不信任。你可以说："商讨这个问题前，我想确认一下是否每个人都发表了自己的意见。"谈判者在谈判目标、议程和动机上更直率透明，有助于消除误解和怀疑。注意观察对方是否感觉受到尊重。向对方表达尊重，有助于谈判者以建立友好关系的方式调整、规划自己的言行举止。

建立信任

谈判伊始，谈判者就要着手建立彼此的信任关系。必要的话，就让对方占点便宜，即便对方不信任你，你也要信任对方。如果双方因为互不了解而产生隔阂，信任就无从谈起了，甚至还会相互怀疑。要知道，你无法掌控别人对你的信任度，却能掌控自己值得别人信任的程度。值得信任的行为有助于搭建彼此沟通的桥梁，容忍对方一时的怀疑，能为桥梁的搭建创造时间。如果你的谈判对手行为古怪，在直接得出否定结论前，你可以问一问："对你在这个方面的作为，我很感兴趣，你能多告诉我一些信息吗？"通过明确对方的意图，这种增进双方信任的努力将在应对双方差异时产生很大的作用。

认识自己的文化

上述所有策略中，或许你能专注的最好策略是认识自己的文化背景。这可不像听起来那么容易。一个人往往意识不到自己的文化背景，这些特质在别人眼中却显而易见。跟一个与自己完全不同的人打交道时，切实了解他们看待你的方式，你将意识到一些从未了解的问题。自我认知能力越强，就越有可能看清别人眼中的自己。

花时间了解别的文化时，你就有机会看到一般意义之外的东西，体验那种文化的错综复杂，这有助于你重新认识自己的文化。美国人经常说，没有什么时候比居住在国外更能意识到自己的"美式"，同时，他们也会更敏感地看出美国文化与其他文化之间的相似之处。

在跨文化谈判中，最重要的是要诚实、开放，并保持敏锐。你越是真诚地对待对方，你就越能发现并理解彼此的差异性和共同点，双方也就能更好地合作，从而找到建设性的，彼此都满意的解决方案。

第10章 准备，准备，再准备

应对竞赛、辩论、演出、谈判和所有重大事件的最好策略都是充分地准备，然后顺其自然。不用费力去记一堆细节，想太多反而会成为障碍。你之前填过的ICON工作表和4D工作表，适合组织"已知"或"应该知道"的谈判。如果你已经切实地做好了谈判的准备工作，轻松上阵，依靠自己的经验、知识和专长去谈判就很重要。

谈判开始时，我建议填几种ICON计划表，比如你之前填过的那种或这一章的谈判速备表。你了解得越多，就可以多填些东西。如果面对的是小型谈判，你可能只要花10分钟就将计划表填写完毕，并且填ICON计划表就可以了，不需要填4D计划表。然而，尤其在面对更复杂的谈判或出现更具挑战性的谈判形势时，策略就显得很重要，填4D计划表也很重要。每次会谈前，你都要回顾一下计划表中的相关内容。对于4D计划表，每次会谈前都要认真看规划阶段的内容，确保谈判能有一个稳固的基础。

我并不想改变你的个性，只想使你成为一个更好的谈判者。准备工作是谈判的关键。谈判中越是放松自在，你就越能倾听对方、随机应变，并"做大蛋糕"。

谈判速备表

Accordence公司使用一种"谈判速备表"来帮助谈判者罗列利益、方案、标准和替代方案。虽然任何形式的计划都对谈判有帮助，但Accordence公司还是对这份表格进行了充分的实战检测，结果发现这份表格确实很有用。

下面是一份空白的谈判速备表，下一页是一份填满了信息的表，填的是前面举过的一个案例——租住在同一幢公寓中的布赖恩与克里斯蒂娜关于弹琴噪音问题的谈判。记住，这种计划表通常由谈判的某一方填写，下一页的表格假设是布赖恩填写的，因此克里斯蒂娜的ICON要素和4D程序都是布赖恩预估的。与所有谈判一样，布赖恩在谈判准备阶段作出的一切评估和假设都要在谈判过程中一一检验、证实（或证伪）。

面对富有挑战性的谈判，我还是推荐"角色扮演"式的准备方式。可以让你的同事或朋友扮演你的谈判对手，这样做不是为了给谈判编写脚本，而是为不同情境做好准备，就像演出前的彩排或比赛训练一样。你会惊讶地发现，预演即将发生的对话原来有这么大的帮助。

我最后的建议可以浓缩为"准备"，要准备得更充分一些，到最后还要再准备。如果10年后你还记得这本书里的这一句话，那你就学到了我想要传授的关键经验。记住，要用ICON、4D方法和计划表来帮助自己为谈判做准备。充分准备是提升谈判技巧、改善谈判结果的最有效方法。

完成准备工作之后要做些什么呢？放松！让信息自然地流动，你将变得更有直觉，更平静。将你在准备工作中学到的东西，以及本书传授的ICON、4D方法内化为自己的经验，在创造更多的谈判价值（即"做大蛋糕"）方面你就会有一张清晰的路线图。这样，从家到会议室，到其他场合，你就都能成功地谈判了。

祝大家好运。

谈判速备表

```
日期：
谈判者：
情况：
```

目标	议程	对话
实质目标： 关系目标：		核心信息：

利益
（主观的）

自己的　　　　　　　　　　　　　　　对方的

方案　　　　　　　　　　　　　　　**标准**
（谈判桌上的）（围绕最可行方案）　　　（客观的）

替代方案
（谈判桌外的）（围绕最佳替代方案）

自己的　　　　　　　　　　　　　　　对方的

谈判速备表

日期:		
谈判者：布赖恩		
情况：与克里斯蒂娜谈谈练琴的事		
目标	**议程**	**对话**
实质目标：找到一个既能在家练琴又不会打扰克里斯蒂娜的简便方案。 关系目标：与克里斯蒂娜保持良好的邻里关系。	1.了解彼此的利益 2.集思广益讨论方案 3.作出决策 4.采取下一步措施	核心信息： 我们能找到一个符合双方利益的简便方案。

利益
（主观的）

自己的	对方的
1.提高钢琴琴技	1.专心工作
2.做一个好邻居	2.做一个好邻居
3.锻炼创造力	3.听自己想听的音乐
4.感觉自己能掌握练琴的时间	4.晚上很安静
5.很晚才睡、下午工作、傍晚练琴	5.早点睡
6.早晨很安静	6.听不到我走调的琴声
7.通过弹琴放松自己	

方案 （谈判桌上的）(围绕最可行方案)	**标准** （客观的）
1.克里斯蒂娜在家时不弹琴 2.克里斯蒂娜在家时弹奏古典音乐 3.克里斯蒂娜受到干扰时打电话给我 4.将钢琴搬到房子后部的日光室中 5. 让克里斯蒂娜帮我买一个带耳机的键盘式电子琴，这样就可以静音弹奏了 6.克里斯蒂娜早晨起床时轻一些，以降低噪音 7.克里斯蒂娜做饭、吃饭时，我能有一个小时或更久的时间来通过练琴放松自己，之后可以练习古典音乐，周末再练习流行音乐	1.租房合同中关于噪音的规定 2.城市管理条例 3.互惠原则：你多大声我就多大声

替代方案
（谈判桌外的）(围绕最佳替代方案)

自己的	对方的
1.一切照旧	1.搬家
2.查找租房合同中关于噪音的规定	2.找房东投诉
3.专门租一处房子来练琴	3.一切照旧
4.搬家	

第四部分

附 录

这一部分的内容包含：

- ICON 总结、4D 总结
- 4D 关键点总结
- 谈判工作表
- 词汇表
- 参考文献

这一部分收入了各种谈判工作表，方便读者在不同的谈判中使用，还收入了 ICON 谈判模式总结、4D 程序总结、词汇表，以及参考文献。

ICON 总结、4D 总结

ICON 总结

利益（Interest）：是谈判双方的诱因、需求、动机、关注点和忧虑。利益是整场谈判的基础。

标准（Criteria）：是客观基准、先例和合理的规范，有助于谈判者筛选并判断出最好的方案。在达成任何协议前，精明的谈判者就会去充分了解相关的标准。

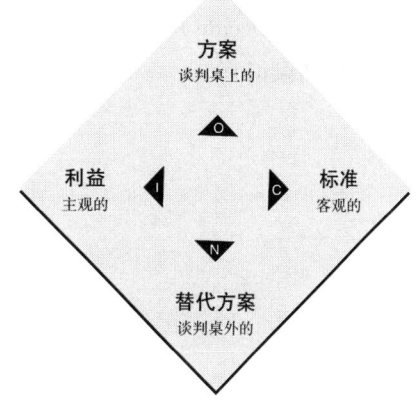

方案（Option）：是谈判双方可能达成一致的可行解决办法，能满足谈判双方的共同利益、不同利益和相互冲突的利益。

替代方案（No-Agreement Alternatives）：是在没有达成协议就终止谈判的情况下，谈判双方各自采取的方案。

4D 总结

规划（Design）是谈判双方为谈判成功所做的规划。谈判最终能否成功取决于谈判者在谈判开始时通过设定目标、清晰规划所做的工作。

发掘和改进（Dig and Develop）是谈判双方为了解彼此的需求、集思广益讨论问题的解决方案、制订对双方都公平的最可行协议，而在谈判中

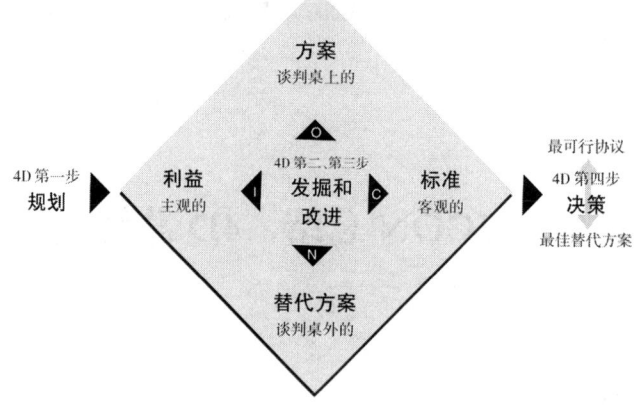

说的话和做的事情。

决策(Decide)是谈判双方以达成最终协议或采用各自的替代方案的方式来结束谈判。

4D 关键点总结

谈判者根据4D程序推进谈判时，要牢记以下关键点，这些关键点在第二部分的"4D关键点"方框中都有提到。

- 为谈判做好准备，谈判结果就会大不相同。
- 除非创造了谈判的价值，否则任何出价都是过高的。
- 对自己的实质目标和关系目标要有决断力。
- 参与谈判的人比较多时，给每个参与者分配一个特定的角色。
- 情绪激动时要停止关注问题，转而关注人。
- 谈判是互动的行为，不可能事事都按严格的顺序进行。
- 讨论彼此的替代方案是双赢谈判的一种关键手段。
- 提一些与利益相关的问题，以此回应对方表明的立场或需求。
- 无论谈判对手做什么，都可以采用"做大蛋糕"的方法去谈判。
- 有效的谈判者倾听的不仅仅是话语，还有对方真正关注的东西。
- 要维护自己的利益，灵活对待自己的方案。
- 直面对方的最佳替代方案，没必要自我防御。
- 接近最终协议时，谈判者要为双方达成更好的交易而努力。
- 感到困惑时，要重新审视潜在的利益。保持教养、毅力和耐心，就能得到好的结果。
- 记得总结你的协议。

在下面的表格中列出你在书中发现的其他有用关键点。

其他关键点

重要词汇

谈判议程：谈判者为实现此前设定的实质目标和关系目标，对一次会谈或整场谈判的过程所做的安排。

最佳替代方案：最符合谈判一方利益的替代方案，无须谈判对手接受，谈判一方就可以自行采用。

最可行协议：最符合谈判各方利益的一整套方案。

底线：即谈判者的最差可行协议。

让步：谈判一方被迫放弃、出让利益给另一方。

让步式交易：参考胜负型谈判。

相互冲突的利益：与谈判对手的利益直接发生冲突的谈判一方的利益。

核心信息：谈判者坚持在谈判过程中传递给对方的主要信息，这一信息往往整合了实质目标和关系目标。

创造价值：参考"做大蛋糕"。

标准：是先例、基准和规范，是筛选方案的客观依据。

不同利益：不与对方利益产生冲突，但也不与对方共同所有的谈判一方的利益。

分蛋糕：谈判双方分配谈判的价值，即某一方获得某个比例的价值。

做大蛋糕：如果将谈判的全部价值视为一块蛋糕，那就只有增加谈判的全部价值才能"做大蛋糕"。新的方案被提出或谈判一方的利益得到更好的满足，就意味着"做大了蛋糕"。增加的价值在形式上可以是金钱、时间、成就、双方的彼此尊重等等。

4D：指4D谈判方法——规划（Design）、发掘（Dig）、改进（Develop）、决策（Decide），是谈判从开始到结束的准备、分析、决策等阶段。用这种方法可以推行ICON谈判模式。

ICON：指的是利益（Interest）、标准（Criteria）、方案（Options）和替代方案（No-Agreement Alternatives）。这四个要素是谈判的基础和实质，谈判就是从了解利益开始，制订方案，然后依据标准筛选方案，再确定自己的替代方案。

利益：谈判双方的需求、目标、动机、关注点和忧虑。利益与立场不同，立场是谈判一方的要求或对某个方案的坚持。

谈判事项：谈判中要讨论和决定的具体项目、要点、问题或谈判的范畴。

最差可行方案：也称为"底线"或"保留价值"，虽然能满足谈判一方的利益，却是谈判一方同意但最不满意的一整套方案。

谈判：为达成协议而展开的讨论，是谈判双方试图说服或影响对方的活动。

下一步措施：谈判双方共同采取或一方单独采取的措施，目的是为了推动协议的达成。

替代方案：是在无法达成协议的情况下，谈判双方各自采用的可行方案。替代方案与方案不同，方案必须是谈判双方都接受的。谈判一方拥有的最好的替代方案就是最佳替代方案。

开场白：在一场谈判或一次会谈上，谈判者开启核心问题的讨论时所说的话。

方案：是能满足谈判双方的利益，双方都接受或同意的可行解决办法。方案与替代方案不同，替代方案无须对方接受，谈判双方就可以各自采用。

立场：谈判者坚持某一个或某一套方案的特定要求。

立场导向：谈判者坚持某项特定要求的谈判方式。

关系目标：谈判者希望在某场谈判或某次会谈中与对方建立起来的合作关系。

关系价值：谈判双方在谈判中建立起来的合作关系的质量。

共同利益：谈判双方的共同需要。

实质目标：谈判者希望在某场谈判或某次会谈中完成的事情。

实质价值：谈判达成的条款、解决方案等谈判结果的质量。

TACOW：基于整体协议达成的临时协议。参考临时协议。

临时协议：为推进谈判的决策进程，谈判双方暂时达成一致，随后就放到一边的某个方案。谈判最后达成的整体协议必须是谈判双方都愿意接受的。

互惠互利检测：检测谈判一方是否愿意做他们要求对方做的事情。

胜负型谈判：也称为"瓜分式交易"或"让步式交易"，以这种方式谈判的谈判者会试图将自己的所得建立在对方的损失之上。

双赢谈判：也称为"基于利益的谈判"或"共赢谈判"。以这种方式谈判的谈判者会努力达成能很好地满足谈判双方利益的协议。

参考文献

Arrow Kenneth, Robert Mnookin, Lee Ross, Amos Tversky, and Robert Wilson. 1995. *Barriers to Conflict Resolution.* New York: Norton.

Axelrod, Robert M. 1994. *The Evolution of Cooperation.* New York: Basic Books.

Bazerman, Max H., and Margaret Ann Neale. 1992. *Negotiating Rationally.* New York: Free Press.

Brams, Steven, and Alan D. Taylor. 2000. *The Win-Win Solution: Guaranteeing Fair Shares to Everybody.* New York: Norton.

Breslin, J. William, and Jeffrey Z. Rubin, eds. 1991. *Negotiation Theory and Practice.* Cambridge, MA: Program on Negotiation Books.

Dixit, Avinash K., and Barry Nalebuff. 1991. *Thinking Strategically: The Competitive Edge in Business, Politics, and Everyday Life.* New York: Norton.

Doyle, Michael, and David Straus. 1976. *How to Make Meetings Work: The New Interaction Method.* New York: Jove Books.

Fisher, Roger, and Alan Sharp. 1998. *Getting It Done: How to Lead When You Are Not in Charge.* New York: Penguin Books.

Fisher, Roger, and Danny Ertel.1955. *Getting Ready to Negotiate: The Getting to Yes Workbook.* New York: Penguin Books.

Fisher, Roger, and Scott Brown. 1988. *Getting Together: Building Relationships as We Negotiate.* Boston: Houghton Mifflin. Paperback edition published by Penguin Books, New York, 1988.

Fisher Roger, and William L. Ury. 1978. *International Mediation: A*

Working Guide-Ideas for the Practitioners. Cambridge, MA: Havard Negotiation Project.

Fisher Roger, Elizabeth Kopelman, and Andrea Kupfer Schneider. 1994. *Beyond Machiavelli: Coping with Conflict*. Cambridge, MA: Harvard University Press.

Fisher, Roger, William L. Ury, and Bruce Patton. 1991. *Getting to Yes: Negotiating Agreement without Giving In*. 2d ed. New York: Penguin Books.

Gilligan, Carol. 1993. *In a Different Voice: Psychological Theory and Women's Development*. Cambridge, MA: Harvard University Press.

Harvard Business Review on Negotiation and Conflict Resolution. 2000. Cambridge, MA: Harvard Business School Press.

Hofstede, Geert. 1997. *Cultures and Organizations: Software of the Mind*. New York: McGraw-Hill.

Lax, David A., and James K. Sebenius. 1986. *The Manager as Negotiator: Bargaining for Cooperation and Competitive Gain*. New York: Free Press.

Machiavelli, Niccolo. 1513. *The Price*. Trans. Mark Musa. 1964. New York: St. Martin's Press.

Mnookin, Robert H., Scott R. Peppet, and Andrew S. Tulumello. 2000. *Beyond Winning: Negotiating to Create Value in Deals and Disputes*. Cambridge, MA: Harvard University Press.

Pedersen. Paul B., and Fred E. Jandt, eds. 1996. *Constructive Conflict Management: Asia Pacific Cases*. Thousand Oaks, CA: Sage Publications.

Raiffa, Howard. 1982. *The Art and Science of Negotiation*. Cambridge, MA: Harvard University Press.

Rubin, Jeffrey Z., Dean G. Pruitt, and Sung Hee Kim. 1994. *Social Conflict: Escalation, Stalemate, and Settlement*. 2d ed. New York: McGraw-Hill.

Salem, Paul. October 1993. "A Critique of Western Conflict Resolution from a Non-Western Perspective", *Negotiation Journal*, Vol. 9: 3.

Schelling, Thomas C. 1960. *The Strategy of Conflict*. Cambridge, MA:

Harvard University Press.

Stone, Douglas, Bruce Patton, and Sheila Heen. 1999. *Difficult Conversations: How to Discuss What Matters Most*. New York: Penguin Books.

Tannen, Deborah. 1990. *You Just Don't Understand: Women and Men in Conversation*. New York: Ballantine Books.

Ury, William L. 1991. Getting Past No: *Negotiating with Difficult People*. New York: Bantam Books.

Walton, Richard E., and Robert B. McKersie. 1991. *A Behavioral Theory of Labor Negotiations: An Analysis of a Social Interaction System*. 2d ed. Ithaca, NY: ILR Press.

Wanis-St. John, Anthony. 1996. "Managers as Negotiators: The Power and Gender Mix", *Negotiation Journal*, Vol. 12: 4.

Watkins, Michael, and Samuel Passow. 1996. "Analyzing Linked Systems of Negotiations". *Negotiation Journal*, Vol. 12: 4.

Weiss, Stephen E. Winter 1994. "Negotiating with Romans—Part 1", *Sloan Management Review*, Vol. 35: 2.

Weiss, Stephen E. Winter 1994. "Negotiating with Romans—Part 2", *Sloan Management Review*, Vol. 35: 3.

出版后记

在全球化时代，人与人之间的沟通越来越频繁，人际沟通已跨越国界，成为日常生活、商务合作和国家交往中的头等大事。要影响别人的决策、相互妥协，以互换价值、达成交易却不是一件容易的事。有时，我们还不得不应对别人对我们的影响或操控。要在这种人际沟通中游刃有余，就必须具备一定的技巧。而作为人际沟通的一种，谈判在我们的生活中也是无处不在，谈判的技巧也必不可少。

人们对谈判的一般印象是两班人马正襟危坐于谈判桌两侧，就某个重大事项或交易进行严肃的拉锯战。其实，这只是正式的谈判。在非正式的场合，谈判也时时发生着。根据本书的定义，谈判是"为达成协议而展开的讨论，是谈判双方试图说服或影响对方的活动"，不仅国际气候会议、商务洽谈是谈判，面试谈待遇、买菜砍价、父母讨论孩子的教育问题……也是为了达成某种协议而展开的讨论，双方也在试图说服或影响对方，因此也是谈判。虽然我们时时刻刻都要针对大大小小的事情与别人谈判，却很少有人受过这方面的训练。

我们希望读者能通过本书自学，去掌握必备的谈判技能，弥补教育的缺失，从而更好地工作和生活。本书延续了"小学堂"丛书的风格，着眼于脚踏实地的需要，短小轻薄却科学实用。在内容设置上，本书抛弃了空洞的理论，第一、第二部分中的每一章都举真实事件为例，教谈判者分析谈判基本要素、明确谈判步骤、规划谈判过程中应有的言行举止、勾画谈判蓝图，还设置了练习题，让读者边学边练；第三部分则总结了作者在几十年的谈判咨询、谈判培训和争议解决工作中遇到的各种谈判战术，并给出了有效的应对策略。

许多人认为谈判就要针锋相对、剑拔弩张、你死我活，谈判的结果则非输即赢。与秉持这一观念的其他谈判类书籍不同，本书颠覆了传统的"胜负型谈判"理念，强调的不是胜负，而是谈判的价值。作者主张合作共赢，认为合作式的谈判才能创造最大的价值。而创造越多的价值，谈判双方获得的利益就越多。

这种以退为进的谈判方式能让我们摆脱紧张、焦虑的胜负心理，轻松自在地谈判，在得到自己想要的结果的同时，也能与对方建立持久的友好关系。你也许会因此而发现，谈判也可以是一件愉快的、能产生长久效益的事。

本书此次改版重新编排了原书的内容，将书中不同的特色模块进行了明确区分，希望以此帮助读者更好地把握本书的内容，在脑海中形成一张清晰的谈判路线图。另外，为了最有效地帮助读者提升谈判技巧、改善谈判结果，为谈判做充分的准备，我们在此次改版中增加了《我们谈谈吧——谈判工作手册》。这本手册将书中最重要的谈判工作表进行了统一整理，让读者可以记录和准备正在面临的谈判，相信读者在锻炼中必能把本书传授的ICON、4D方法内化为自己的经验，创造更多谈判的价值。

陈福勇先生向我们推荐了这本书，并帮我们组织译者进行翻译，为此书的出版做了大量的工作，特此表示诚挚的感谢。

服务热线：133-6631-2326　139-1140-1220
读者服务：reader@hinabook.com

后浪出版咨询（北京）有限责任公司
2013年9月

图书在版编目（CIP）数据

我们谈谈吧/（美）卢姆著；姜丽丽，许捷，陈福勇译.
——北京：世界图书出版公司北京公司，2013.4
书名原文：The negotiation fieldbook
ISBN 978-7-5100-6019-9

Ⅰ.①没… Ⅱ.①卢…②姜…③许…④陈… Ⅲ.①谈判学—通俗读物 Ⅳ.①C912.3-49

中国版本图书馆CIP数据核字（2013）第069296号

Grande Lum
The Negotiation Fieldbook
ISBN：0-07-144114-X
Copyright © 2005 by McGraw-Hill Education.

All Rights reserved. No part of this publication may be reproduced or transmitted in any form or by any means, electronic or mechanical, including without limitation photocopying, recording, taping, or any database, information or retrieval system, without the prior written permission of the publisher.

This authorized Chinese translation edition is jointly published by McGraw-Hill Education (Asia) and Beijing World Publishing Company. This edition is authorized for sale in the People's Republic of China only, excluding Hong Kong, Macao SAR and Taiwan.

Copyright © 2012 by The McGraw-Hill Asia Holdings（Singapore）PTE.LTD and Beijing World Publishing Company.

版权所有。未经出版人事先书面许可，对本出版物的任何部分不得以任何方式或途径复制或传播，包括但不限于复印、录制、录音，或通过任何数据库、信息或可检索的系统。
本授权中文简体字翻译版由麦格劳－希尔（亚洲）教育出版公司和世界图书出版公司合作出版。此版本经授权仅限在中华人民共和国境内（不包括香港特别行政区、澳门特别行政区和台湾）销售。
版权 ©2012 由麦格劳－希尔（亚洲）教育出版公司与世界图书出版公司所有。
本书封面贴有McGraw-Hill Education公司防伪标签，无标签者不得销售。

北京市版权局著作权合同登记号：01-2010-0328

我们谈谈吧：哈佛共赢谈判课（修订版）

著　　者：（美）格兰德·卢姆　　　　　　译　　者：姜丽丽　许捷　陈福勇
丛 书 名：小学堂　　　　　　　　　　　　出版统筹：吴兴元
责任编辑：罗炎秀　招淑钿　　　　　　　　
筹划出版：银杏树下　　　　　　　　　　　装帧制造：墨白空间
营销推广：ONEBOOK

出　　版：世界图书出版公司北京公司
出 版 人：张跃明
发　　行：世界图书出版公司北京公司（北京朝内大街137号 邮编100010）
销　　售：各地新华书店
印　　刷：北京联兴华印刷厂（北京通州区张家湾皇木厂 邮编101113）
（如存在文字不清、漏印、缺页、倒页、脱页等印装质量问题，请与承印厂联系调换。联系电话：010-61501799）

开　　本：690毫米×960毫米　1/16
印　　张：11.5　插页4
字　　数：165千
版　　次：2013年10月第2版
印　　次：2013年10月第1次印刷

读者服务：reader@hinabook.com　139-1140-1220
投稿服务：onebook@hinabook.com　133-6631-2326
购书服务：buy@hinabook.com　133-6657-3072
网上订购：www.hinabook.com（后浪官网）

ISBN 978-7-5100-6019-9　　　　　　　　　　　定　价：29.80元

后浪出版咨询（北京）有限公司常年法律顾问：北京大成律师事务所　周天晖　copyright@hinabook.com

版权所有　翻印必究

新东方创始人之一、著名英语口语专家、演讲大师王强策划并强力推荐,畅销美国第7版、演讲入门必读之书!

执教27年的演讲课教授毕生心血之作! 教你学会演讲,增强竞争力!

演讲力——从听众出发
（插图第7版）

著　者：(美)约翰·哈斯林
译　者：马昕
国际书号：978-7-5062-9311-2/C·51
出版时间：2010年2月第1版
定　价：26.80元

小学堂 001

内容简介

本书从听众角度出发,介绍了听众对演讲者的价值、倾听模式产生的影响,以及相应的演讲技巧和策略,如演讲者如何进行自我调适、如何有效利用 Power Point 等辅助工具做演讲等。同时作者还结合了经典修辞学基础,以及包括伦理道德、文化差异在内的当代主流话题,详细讨论了演讲的方方面面。本书语言简练平易,图文并茂,极具实用性,适合各个层次的读者阅读,能够帮助读者发表极具影响力的演讲,向观众传达出条理分明、长短适宜、表述清晰、切实可信的有效信息。

想改变你在办公室里被人视而不见、听而不闻的状况吗?
想让你的观点深入人心吗?
想在公共场合谈吐自若、游刃有余吗?
请记住:口才是一种竞争力!

作者简介

约翰·哈斯林(John Hasling),美国加利福尼亚福特希尔大学荣休教授,在该校主持演讲课程27年。1963年于萨克拉门托加州州立大学取得文学硕士学位,之后在该校任教并指导该校辩论队。1966年哈斯林来到福特希尔大学,教授演讲课并担任校广播台的教师顾问。随后,开设了小组讨论、人际沟通和广播新闻等课程,并撰写了相关书籍。教师是他的第二职业,他的第一职业是广播。从1952年到1961年,他为北加利福尼亚的若干电台担任播音员和技术人员。1980年,与麦格劳-希尔公司合作出版了《无线电广播基础原理》一书。

美国高校必修思考课教材,个人思考技能训练最佳读本
出版26载,修订第8版

思考的艺术:
非凡大脑养成手册
(第8版)

著　　者:(美)文森特·赖安·拉吉罗
译　　者:马　昕
国际书号:978-7-5100-2585-3/C·111
出版时间:2010年8月第1版
定　　价:32.00元

小学堂 002

内容简介

　　思考技能是天赋还是养成的习惯？视野狭窄、缺乏好奇心对思考有什么影响？……针对这类我们很少意识到的问题,本书从阐述思考的概念开始,教你打破思考的局限,克服思考的障碍,学会创造性、批判性地思考问题,并有效地沟通想法,从而传达给读者这样一个重要的理念——思考是一门需要学习且可以习得的艺术。

　　在每一章末尾,作者都设置了极具挑战性的练习题,方便读者边学边练,将学到的知识融会贯通。本书最初为大学思考课程设计,因其简单易懂,逐渐被商业、人文、社科、科学等领域广泛采用,是一本兼具科学性与实用性的思考技能训练书。1984年初版后,本书即被美国许多高校选为必修的思考课教材,26年间已修订至第8版。

对于人类特有的思考活动,你了解多少？
思考是天赋还是一种可以养成的习惯？
要怎么做才不会生活在永恒的混沌不明中？
如果剃光头、炫耀文身不是真正的个性,什么才是？
哪些心理习惯妨碍了我们冷静思考？
为什么人们会拒绝新想法？
为什么如果思考都是言语性的,爱因斯坦就不会被视为思考者？
创造力必须有高智商吗？
洞见是如何产生的？
为什么想象力比知识更重要？

本书会告诉你答案。

畅销30载,再版12次的美国权威沟通教材
了解人与人沟通的奥秘,建起心与心沟通的桥梁。敞开自己,与世界相连。

沟通的艺术:看人人里,看出人外
(插图第12版)

著　者:(美)罗纳德·B·阿德勒　罗素·F·普罗科特
译　者:黄素菲
国际书号:978-7-5100-2312-5/C·99
出版时间:2010年12月第1版
定　价:32.00元

小学堂 003

内容简介

　　本书分为"看入人里"、"看出人外"和"看人之间"三部分。"看入人里"聚焦于探讨与自己有关的沟通因素,简要介绍人际关系的本质,强调自我在沟通中的角色,并分析知觉与情绪在沟通中的重要性;"看出人外"聚焦于探讨与沟通对象有关的因素,分析语言和非口语的特性,强调倾听的重要性;"看人之间"聚焦于讨论关系动力,强调关系的重要性,讨论关系中的亲密与距离,如何增进沟通气氛及人际冲突的形态与因应之道。本书兼具深入、广泛与完整性,是一本难能可贵的理论与实用并重的教科书。

当你沉默时,
当你将自己封闭与蜗居时,
沟通便不存在了吗?
工作面试是否曾让你惴惴不安,
你是否曾因一句话而结交——或失去一个朋友?
沟通无时不有,无处不在,
它是人类生存的首要目标,也与快乐紧密相关。

　　"作为一名大学生,我已经习惯了枯燥粗简、令人昏昏欲睡的教科书,但《人际沟通》是一个例外。书里的绘画、诗歌以及故事,甚至卡通,都是美丽而有趣的,内容则通过精心组织,文本读起来让人忍俊不禁……如果你是一个沟通学者或心理学教授,正在为新课程挑选教材,请帮您的学生一个很大的忙:使用这本书吧!"

——亚马逊评论

谈判使用手册

后浪出版公司

目　录

谈判工作表1：谈判准备表 ·· 3

谈判工作表2：各方利益清单 ······································ 4

谈判工作表3：方案分类表 ·· 5

谈判工作表4：标准清单 ·· 5

谈判工作表5：替代方案选择清单 ·································· 6

谈判工作表6：规划清单 ·· 7

谈判工作表7：发掘利益 ·· 8

谈判工作表8：改进方案 ·· 8

谈判工作表9：发掘和改进清单 ···································· 9

谈判工作表10：收尾技巧 ·· 11

谈判工作表11：决策清单 ·· 12

会谈记要 ·· 13

谈判速备表 ·· 15

谈判工作表 1：谈判准备表

1. 谈判对手是谁？（人物、职位、经历、所属组织）

2. 列出至少三个与这场谈判相关的关键性背景信息。

3. 为什么这场谈判对你来说很有挑战性？

谈判工作表 2：各方利益清单

利益		类型	主次顺序
你的利益			
对方的利益			
其他相关主体的利益			
	类型 S=共同 D=不同 C=相互冲突		主次顺序 H=主要 M=一般 L=次要

谈判工作表 3：方案分类表

方案	最差可行协议	最可行协议

看看哪些方案是最可行协议和（或）最差可行协议的组成部分。

谈判工作表 4：标准清单

标准	是否具有说服力？

看看哪些标准对**谈判对手**具有说服力。

谈判工作表 5：替代方案选择清单

替代方案	最佳替代方案
你的：	
对方的：	

了解双方的最佳替代方案。

谈判工作表6：规划清单

规划清单

1. 设定目标

A. 实质目标：

B. 关系目标：

2. 制订议程

A. 议程：

B. 基本原则：

C. 分配角色：

3. 传递核心信息

A. 核心信息：

谈判工作表 7：发掘利益

> **发掘利益**
>
> 对方的立场：
>
> 对方可能存在的利益：
>
> 与利益相关的问题：

谈判工作表 8：改进方案

> **改进方案**
>
> 与标准相关的问题：
>
> 提出标准：

谈判工作表9：发掘和改进清单

发掘和改进清单

1. 了解利益

A. 什么样的问题能了解到对方的利益？

B. 哪些利益是你愿意让对方知道的？哪些利益是你不愿意让对方知道的？

2. 集思广益方案

A. 你会努力拟订什么方案？

B. 你愿意将什么方案摆到桌面上？不愿意将什么方案摆到桌面上？

发掘和改进清单

3. 依据标准筛选方案

A. 为了找到合适的标准，你会问什么问题？

B. 你会向对方提出什么标准？不会提出什么标准？

4. 准备好替代方案

A. 你会公开自己的最佳替代方案吗？

B. 如果你决定公开，你会怎样公开？

C. 你会询问对方的最佳替代方案吗？如果会，你将怎么问？

谈判工作表 10：收尾技巧

收尾技巧

收尾技巧：

对话示例：

谈判工作表 11：决策清单

决策清单

1. 以达成最可行协议为目标

A. 你的最可行协议是什么？

B. 你的最差可行协议是什么？

2. 达成临时协议

A. 会谈中你会提出或接受什么样的临时协议？

3. 采取下一步措施

A. 有哪些下一步措施能将谈判从实质上朝协议推进？

4. 同舟共济

A. 可以采取哪些步骤确保自己与谈判对手同舟共济？

会谈纪要

会谈纪要

会谈纪要

谈判速备表

日期：
谈判者：
情况：

目标	议程	对话
实质目标： 关系目标：		核心信息：

利益
（主观的）

自己的 | 对方的

方案 | **标准**
（谈判桌上的）（围绕最可行方案） | （客观的）

替代方案
（谈判桌外的）（围绕最佳替代方案）

自己的 | 对方的